Atelier de Montparnasse, 2011.

Sempé

L'Express, 1974.

« J'admire profondément celui qui a trouvé cette phrase extraordinaire :
"L'homme est un animal inconsolable et gai."
Comment peut-il avoir pensé à ça ? C'est une formule de génie absolu.
On ne peut pas vivre si l'on n'est pas gai. Même si rien ne va, il y a la gaieté.
On pourrait appeler ça la joie de vivre, la joie d'être. Et inconsolable, on l'est.
Oui, on est complètement inconsolable. Alors, je fais avec les deux… »

Jean-Jacques Sempé

Sempé

UN PEU DE PARIS ET D'AILLEURS

Textes de Marc Lecarpentier

Éditions Martine Gossieaux

Rien n'y fait et rien n'y fera : depuis près de cinquante ans que des critiques ébaubis tentent inlassablement de définir la singularité du travail de Jean-Jacques Sempé, ils ne parviennent que partiellement à déterminer ce qui fait l'originalité de cette œuvre unique. Comme si les mots se révélaient impuissants, inadaptés et parfois illégitimes pour traduire la subtilité et la complexité de ses dessins.

Bien sûr, Sempé c'est « intelligent », « précis », « drôle », « poétique », « ironique », « tendre », « léger », « élégant », « beau », « aigu », « inventif », « délicat », « mélancolique », « caustique », « enchanteur », « concis », « attendrissant », « génial », etc.

Mais, tous ces attributs langagiers ne parviennent qu'imparfaitement à rendre compte du regard que pose Sempé sur le monde. Comme si la lecture de chaque dessin demeurait toujours incomplète et forcément inachevée. Comme si l'acuité du trait rendait vain, et parfois ridicule, tout commentaire…

Au 7e étage de l'immeuble parisien où il vit et travaille, Jean-Jacques Sempé domine les toits de Paris. Face à une large fenêtre, sa table à dessin est encombrée de ces grandes feuilles blanches qu'il affectionne.

À sa droite, un joyeux désordre rassemble ses porte-plumes, des dizaines de crayons de couleur, des miettes de petits pastels, un pot avec de l'eau plutôt sombre, et des petits bouts de papier épars où sont griffonnées quelques phrases encore incohérentes.

À sa gauche, des godets d'aquarelle, un chiffon qui fut blanc et un cendrier jamais vide.

Tout autour, des centaines d'ébauches de travaux inachevés et des piles instables de dessins en cours de finition. Des paquets aussi, qu'il lui faudra sûrement ouvrir un jour pour découvrir ses albums traduits dans le monde entier.

Assis sur son tabouret, Jean-Jacques Sempé se tient légèrement penché vers l'avant, le coude appuyé sur la table, la main gauche sous le menton. Dans sa main droite, une fine cigarette se consume doucement.

Immobile depuis de longues minutes, Jean-Jacques Sempé travaille. Sempé réfléchit. Il peut rester ainsi des heures durant, des jours parfois, le temps de trouver une idée : car Jean-Jacques Sempé, contrairement à ce que beaucoup imaginent (« Vous savez, Monsieur Sempé, j'ai vu hier dans la rue une petite dame qui parlait à un monsieur, c'était un vrai dessin pour vous ! »), ne dessine pas en observant le réel, mais en pensant et rêvant pour mieux cerner la réalité.

Jean-Jacques Sempé dessine avec son cerveau, rarement avec ses yeux. Et si Sempé nous touche tant, ce n'est pas qu'il nous regarde, c'est qu'il se regarde. Sempé, dessinateur d'humour, rit d'abord de lui quand les gens d'esprit font plutôt rire des autres.

Observons attentivement le travail de Jean-Jacques Sempé : chaque dessin est construit comme une nouvelle, très rapide, très fugace, sur le comportement humain ou la crainte existentielle. Mais pas une nouvelle militante qui assènerait des vérités définitives et sans appel. À la caricature qui force le trait et simplifie, il préfère l'élégance de la suggestion qui s'adresse à l'intelligence du lecteur.

Du coup, quand nous découvrons un dessin de Sempé, le sourire est immédiatement suivi d'une réflexion qui conduit à l'introspection : suis-je si différent de cet homme qui fait des ronds dans l'eau comme un enfant au bord de sa piscine de milliardaire ? Suis-je si éloigné de ce peintre du dimanche un peu vaniteux ? Ne suis-je pas proche de ce couard qui rêve de révolte ? N'ai-je pas parfois, moi aussi, peur de la foule ? Ne m'est-il jamais arrivé de rire du malheur d'un autre ? Et est-ce que je ne suis pas, finalement, cet homme qui traverse la vie comme un funambule, avec toujours la peur du vide ?

Ce catalogue raisonné de nos faiblesses, maladresses et solitudes, ce regard sur l'intime, qui admet et excuse nos défauts, met évidemment en joie le lecteur qui voit dans l'âme de chaque personnage comme un miroir de ses propres fragilités.

Il est probable que Jean-Jacques Sempé n'a guère d'illusions sur la nature humaine, pas plus que sur sa propre nature. Ses personnages n'ignorent pas leurs insuffisances, leurs avidités coupables, leurs désirs inavouables, et parfois médiocres, mais rêvent malgré tout de sagesse bienveillante et cherchent le mode de vie juste.

Le défi du dessinateur d'humour reste pourtant – en auscultant le corps social avec compassion mais sans apitoiement – de faire sourire plutôt que rire aux éclats.

Quand l'idée, si difficile à trouver, est là, vient le temps du dessin. Il faut tenter de rendre au plus juste sur le papier ce qui créera l'ambiance et justifiera le projet : la couleur des feuillages ou la subtilité d'une lumière du matin, l'anxiété d'une paroissienne qui s'adresse à Dieu ou la fatuité d'un pianiste de bar mondain, le bonheur d'enfants insouciants qui jouent sur la plage ou le vague à l'âme d'un couple élimé.

Éternel élève insatisfait, perfectionniste maladif, travailleur acharné accablé par sa solitude, Jean-Jacques Sempé ne cesse de faire et refaire des dizaines d'esquisses, de reprendre un détail, pour tenter de dire sans dire, par la grâce d'un sourcil froncé ou d'un chapeau légèrement ridicule, le tréfonds de nos comportements. À le croire, un dessin n'est jamais terminé, toujours perfectible.

Jean-Jacques Sempé dessine mais prend aussi un vrai plaisir à écrire. Pas étonnant qu'il passe des heures pour ciseler une légende, des mois pour trouver les titres de ses albums, avec le souci d'être compris de tous, de ne jamais exclure. Avec toujours le même objectif avoué : rester à bonne distance. À bonne distance de la cuistrerie, à bonne distance de la facilité, à bonne distance du bien et du mal…

Il est comme ça, Jean-Jacques Sempé, et son tempérament ne lui donne guère le choix. C'est ce mélange de détachement lucide et d'ironie douce qui l'a toujours conduit à préférer le chic au choc. Quand tant de ses compatriotes font les importants, lui sait qu'il n'y a de grave que le léger. C'est l'infiniment petit qui passionne ce chercheur passionné : le « petit » instant heureux, le « petit » moment ridicule, le « petit » détail fondamental. « L'humour, aime t-il à répéter, est une façon de se tirer d'embarras sans se tirer d'affaire. » Comme une profession de foi pour dire sa façon d'être, de vivre…

Quand il se jauge ou se juge, Jean-Jacques Sempé avoue perdre un temps considérable, à cause de cette philosophie qui le guide et que ses proches définissent en souriant comme une aptitude innée au « cafouillage extrême ». Parce qu'il est en permanence au travail, en vous parlant, en déjeunant, et peut-être même en dormant, Sempé ne cache ni son incapacité à vivre le monde tel qu'il évolue, ni sa nostalgie d'un temps où l'on savait prendre son temps. D'un temps où les enfants, comme le Petit Nicolas, jouaient dans les terrains vagues ; d'une période où les restaurants étaient des lieux d'amicale complicité ; d'une époque où la confiance dispensait de tout contrat.

Et si l'on vient à lui tresser trop de lauriers, à lui faire part d'une profonde admiration pour cette «comédie humaine» qu'il décrit, mine de rien, au fil de ses albums, le voilà qui pourrait sortir de ce dandysme tempéré qui guide son rapport aux autres pour se faire grave l'espace d'un instant, ramenant vigoureusement son travail au niveau d'un art mineur.

On se gardera donc de dire que les dessins ici rassemblés disent plus que beaucoup d'essais qui ont l'apparence du sérieux ! Comme on s'interdira de suggérer que l'œuvre de Jean-Jacques Sempé propose tout simplement à chacun d'entre nous de prendre conscience des états d'esprit à partir desquels il agit, parle, pense, et à devenir ainsi responsable des conséquences de ses actions. La cuistrerie du propos ferait sourire celui qui sait combien beaucoup de travail donne infiniment de modestie.

On dira donc, comme les autres, que Sempé, c'est «raffiné», «complexe», «élégant», «habile», «subtil», «léger», «sensible», «clairvoyant», «harmonieux», «incomparable»...

Et on n'aura, finalement, rien dit. Ce qui permettra à chacun de mieux se retrouver dans le miroir mélancolique que nous tend un des artistes marquants de notre époque.

Marc Lecarpentier

Plume, encre de Chine et aquarelle, 1985.

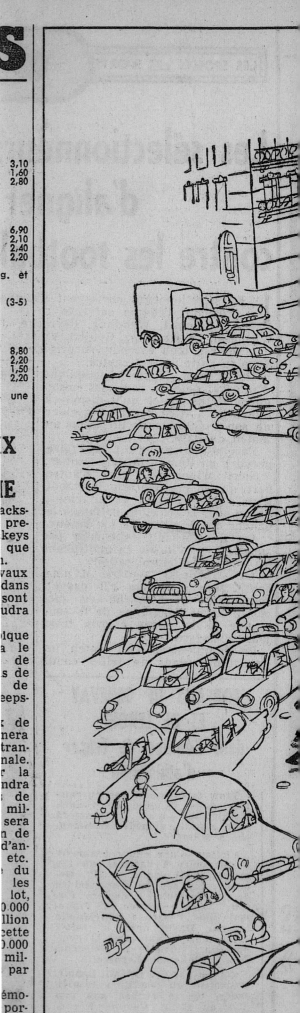

À Bordeaux, où il achève son adolescence dans les années 1950, Jean-Jacques Sempé doit bien admettre qu'il n'a pas tout à fait le profil d'un vendeur de dentifrice en poudre ou d'un doseur d'alambics viticoles.

Après qu'il a publié dans *Sud-Ouest* ses premiers dessins, il devance l'appel pour faire son service militaire à Paris et tente de placer ses dessins dans les journaux de la capitale, en compagnie de son ami Bosc. Chaque semaine, il se rend dans les rédactions et collabore à de nombreux titres parmi lesquels *Ici Paris*, *France Dimanche*, *Samedi-Soir*, *Noir et Blanc*, *Le Rire*, *Le Figaro*...

Dans *Moustique*, journal belge, il publie en 1952 les premiers dessins du Petit Nicolas, suivis d'une bande dessinée avec son ami René Goscinny.

À partir de 1956, il participe, à l'invitation de Roger Thérond, à la dernière page de *Paris Match*, d'abord en compagnie de Chaval, Bosc, et des dessinateurs américains qu'il admire, puis seul, avec un dessin en pleine page.

Françoise Giroud lui propose en 1965 de collaborer à *L'Express*, où il porte chaque semaine, pendant près de dix ans un regard décalé sur l'actualité, en jouant parfois au petit reporter pour quelques grands événements.

Le Figaro, *1960.*

LE DESSIN DE SEMPÉ

les jours où l'on n'a pas l'inspiration, on ne fait rien de bon !...

SEMPÉ se penche sur son passé
Les vertes années

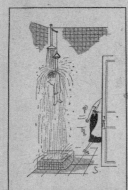

NOTRE ÉTABLISSEMENT A UN AIR RÉBARBATIF, MAIS C'EST SURTOUT POUR LE CÔTÉ PSYCHOLOGIQUE...

— C'EST AUTANT À VOUS QU'À MOI D'ALLER LA SONNER LA CLOCHE !!...

SOMBRE PETIT CRÉTIN !... ÇA FAIT 280...

— LA... C'EST LE CANCRE DE NOTRE CLASSE DE SIXIÈME !...

JE CROIS QUE C'EST LUI QUI ME DONNERA LE PLUS DE MAL !...

Page de gauche : France Dimanche, 1957.
Plume, encre de Chine, 1956.

PARIS MATCH

Chaque semaine, dans les années 1950, *Paris Match* propose à ses lecteurs une page de dessins français ou américains. Tous les dessinateurs d'humour qui travaillent à l'époque pour *Ici Paris* ou *Samedi-Soir* rêvent de faire partie de cette sélection des meilleurs dessins du monde.

À Jean-Jacques Sempé qui vient lui montrer son travail, Raymond Castans, rédacteur en chef, conseille d'affiner son trait, de modifier sa signature.

En 1956, paraît la première page complète de dessins de Sempé.

Le directeur, Roger Thérond, grand amoureux de photo mais aussi de dessins d'humour, reçoit régulièrement Jean-Jacques Sempé et ne cesse de l'encourager avant de lui proposer une collaboration régulière : « *Il regardait mes dessins avec ses grands yeux bleus et, quand l'un d'eux lui plaisait vraiment, il levait la tête, et savait me faire le plus grand plaisir en disant "Ça, c'est un grand !"* »

Malgré les changements de formule, de format et de direction, Sempé reste aujourd'hui le pigiste régulier le plus ancien du magazine. Avec la même angoisse : « *La plupart du temps, il me faut huit jours pour trouver une idée, et huit jours pour faire le dessin. Mon rêve reste, depuis cinquante ans, d'avoir quelques dessins d'avance, mais la réalité me montre que j'en suis incapable !* »

Paris Match, *1957.*

SEMPÉ

— Allez me chercher Durand, j'aimerais connaître la raison de sa subite demande d'augmentation.

Sempé.

LE DIRECTEUR-GERANT : MARCEL LEBRETON.

IMP. E. DESFOSSES-NEOGRAVURE, 13, QUAI VOLTAIRE, PARIS.

Les Parisiens

— On se sent vraiment peu de chose...

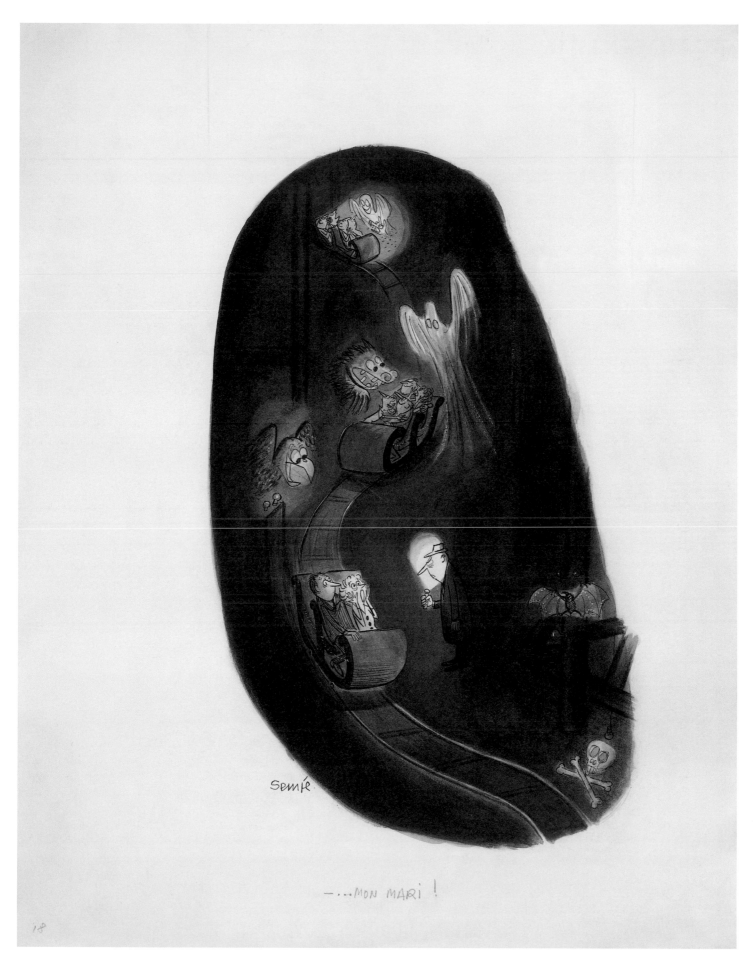

— ...MON MARI !

Page de gauche : Paris Match, 1962.
Plume, encre de Chine et aquarelle, 1959.

– Peut-être se mêle-t-il un peu de vanité à ma ferveur, mais quelles que soient
les saisons ou l'heure, j'ai toujours réussi à me mettre dans l'axe de ce que j'appelle mon rayon lumineux.
Pourriez-vous vous décaler légèrement de deux ou trois places ?

— La chose qu'il faut lui souhaiter avant tout, c'est qu'il soit médiatique.

Plume, encre de Chine et aquarelle, 1997.

C'était en 1956. Par les fenêtres d'un appartement, on voyait des fêtards danser la farandole ; à l'étage du dessous, un petit homme exaspéré frappait au plafond pour que cessât le vacarme. Dès ses débuts dans Paris Match, Jean-Jacques Sempé avait, à 24 ans, imposé son style et son ton : profusion de détails vrais, panachage de causticité et de dérision. Délibérément décalé, il apporte à notre journal, depuis plus d'un demi-siècle, bien davantage qu'un regard sur l'actualité : ses dessins y font circuler l'air du temps. Sempé ne vient presque jamais aux bouclages. Il lui suffit de se rappeler le tout premier auquel il avait assisté, quand les bureaux de la rédaction se trouvaient encore rue Pierre-Charron, à deux pas des Champs-Elysées, pour en retrouver exactement l'ambiance. « J'ai eu, dit-il, l'impression d'une ruche avec des abeilles courant dans tous les sens. » Les ordinateurs ont remplacé les machines à écrire, mais rien d'autre n'a changé.   Jean-Pierre BOUYXOU

Soir de bouclage d'un numéro de Paris Match.

L'EXPRESS

À la demande de Françoise Giroud qui était la compagne de son ami et éditeur Alex Grall, Jean-Jacques Sempé collabore de 1965 à 1975 à *L'Express*. Chaque semaine, les lecteurs sourient du regard aigu et tendre qu'il porte sur « La Vie Moderne ». La France bouge, construit des autoroutes et des grands ensembles ; la télévision s'impose dans les foyers ; la jeunesse se révolte. Électron libre dans la rédaction, Sempé saisit l'ambiance de l'époque, s'étonne de cette société de consommation qui naît sous ses yeux : « *Je participais à quelques conférences de rédaction, mais j'avais une totale liberté. Françoise Giroud ne respectait que les gens qui travaillaient beaucoup. Elle savait que je bossais comme un fou. Elle était du coup très solidaire. Très respectueuse de mon travail. Pour moi, c'était épuisant, mais aussi très stimulant.* »

L'Express, *1973.*

N° 1130 - 5-11 mars 1973

3,50 Francs

L'EXPRESS

SPECIAL

« Seuls les actes décident de ce qu'on a voulu. » (Jean-Paul Sartre.)

« *Un jour, je voulais changer d'air, quitter Paris quelque temps.*
J'avais entendu dire qu'il y avait des troubles dans
les universités américaines et particulièrement à Houston.
J'en parle à Françoise Giroud qui immédiatement me donne son accord
pour que j'aille une quinzaine de jours aux U.S.A.
En fait, nous nous étions assez mal compris puisqu'elle m'a organisé
un voyage... pour suivre à Houston le départ des premiers cosmonautes
vers la Lune! Je me suis retrouvé seul avec mon anglais piteux,
dans un hôtel de Cap Kennedy où une chambre m'avait été réservée.
J'en suis sorti pour tenter de voir la fusée. Je pensais que la base
de lancement était proche. J'ai marché quelques kilomètres en me disant
qu'une fusée, ça devait pouvoir se repérer de loin. Jusqu'au moment
où des policiers en voiture sont venus à ma hauteur et m'ont demandé
où j'allais. Quand je leur ai dit le but de ma promenade,
et bien que je leur aie montré ma carte de presse et ma lettre de L'Express
faisant de moi un envoyé spécial, ils m'ont pris pour un fou
puisque la base de lancement était à une quarantaine de kilomètres.
Ils m'ont gentiment ramené à mon hôtel et j'ai pris un taxi.
Mais, même sur place, je n'ai pas vu grand-chose!
J'étais totalement perdu. Je ne comprenais pas ce que je faisais là
et je me faisais beaucoup de soucis.
J'ai quand même envoyé quelques dessins qui n'étaient pas vraiment
le fruit d'une observation rigoureuse de la réalité. »

SEMPÉ EN AMÉRIQUE

Envoyé spécial de L'Express aux Etats-Unis, Sempé a rapporté sur son carnet ses impressions de voyage. Voici les premières.

« *On comprend qu'ils aient le sens de la famille...* »

Sempé.
U.S.A. 1965.

« Bonjour. Montrez-moi ce que vous avez fait ! »

SEMPÉ Cap Kennedy
Juillet 1969.

Télérama

sempé

Mercredi 5 juillet / Hebdomadaire / 60 Fr. belges / 2.70 Fr. suisses / 62 Fr. luxembourgeois ISSN 0040-2699

T 2773 - 2373 - 10,00 F

CPPAP N° 57.287

Tout l'été, suivez les aventures de

Raoul Taburin

un inédit en huit épisodes de

Sempé

TÉLÉRAMA

Dès les années soixante, *Télérama* avait publié quelques dessins humoristiques de Jean-Jacques Sempé. Mais, c'est dans les années 1980 que l'hebdomadaire prend contact avec lui pour une collaboration plus fréquente. À la demande de Francis Mayor, directeur de la rédaction, et de Pierre Bérard, rédacteur en chef, Sempé réalise d'abord plusieurs couvertures.

Puis, chaque été devient l'occasion d'un rendez-vous régulier avec la publication, en avant-première de nombreux albums, parmi lesquels *Âmes sœurs*, *Par avion* et *Raoul Taburin* : « Ce petit cycliste sur une route déserte, c'est sans doute la plus belle couverture qui a été faite avec l'un de mes dessins. Cette idée du rabat qu'il fallait ouvrir pour découvrir le peloton qu'il faut rattraper me ravit. Qui oserait aujourd'hui mettre en vente un magazine avec cette une sans titre ? Oui, je suis enchanté qu'un journal ait su offrir ça à ses lecteurs. »

À Paris, après un bref passage dans le XVIIIe arrondissement (cité des Fusains à Montmartre), Sempé s'installe rapidement rive gauche, dès qu'il est libéré de ses obligations militaires.

Entre Montparnasse et Saint-Germain-des-Prés, à pied, en scooter ou à vélo, il promène sa curiosité et sa timidité dans des lieux qui l'apprivoisent (chez *Lipp*, *Le Flore*, *La Closerie des Lilas*, *Castel*, le jardin du Luxembourg, etc.), fréquente les clubs de jazz, se lie d'amitié avec Françoise Sagan, Jacques Tati, Jacques Prévert, Savignac, Goscinny, etc.

Paris l'impressionne, Paris l'éblouit, Paris le fascine. Paris devient vite le cadre d'un très grand nombre de dessins : Sempé saisit avec délectation les courbes d'un immeuble haussmannien, la poésie d'un autobus à plate-forme, ou le calme du jardin du Luxembourg. Il observe, attendri, des amoureux qui se promènent sur les quais, mais regarde naître, nostalgique, un urbanisme raide qui ne s'embarrasse guère de fantaisie. Il s'amuse d'une actualité qu'il regarde de loin en moquant gentiment la foule du métro, la circulation, les manifs, les gros titres des kiosques à journaux, ou les motards casqués.

Plume, encre de Chine et aquarelle, 1975.

« Quand je suis arrivé à Paris, j'ai trouvé les Parisiens très gais. Je venais de Bordeaux où les gens n'étaient pas naturellement souriants. J'ai été tout de suite enchanté par le métro, les autobus, la fièvre de la ville. Et surtout, j'ai fait beaucoup de vélo. Pendant trente ans, je suis allé partout à bicyclette. Si j'étais invité le soir et s'il pleuvait des cordes, j'arrivais saucé, trempé comme une soupe. Mais, oui, j'aimais ça ! »

Plume, encre de Chine et aquarelle, 1990.

Plume, encre de Chine et aquarelle, 1990, 2010.

51

Plume et encre de Chine, 2000.

« *Je trouve les maisons parisiennes très élégantes. Un jour où je revenais de Rome, qui est une ville sublime, j'étais étonné et ennuyé parce que je ne pouvais m'empêcher de penser que les merveilles de Rome me séduisaient moins que l'élégance de Paris. Je m'en voulais d'être un peu « françouillard », mais aujourd'hui encore, je persiste : c'est Paris que je préfère.* »

Plume et encre de Chine, 2000.

Plume et encre de Chine, 2011.

« J'ai été fou de Paris. J'ai trouvé les gens très gentils. Les gens, dans la rue,
je les trouvais formidables, souriants, accueillants.
Moi, j'étais militaire à ce moment-là. Combien de fois j'entendais :
"Tiens, le joyeux militaire, qu'est-ce qu'il veut celui-là ?"
Quand je demandais un renseignement pour les rues, je trouvais
que les gens étaient incroyablement disponibles... »

Plume, encre de Chine et aquarelle, 2010.

Mine de plomb et aquarelle, 2000.
Crayons de couleur, 2000.

« Quand j'étais en province et que j'écoutais la radio, j'imaginais la vie nocturne de Paris avec de la musique partout, des lumières, une joie de vivre intense. Évidemment, quand on arrive à Paris, ce n'est pas tout à fait ça. Quand on prend le métro pour la première fois, on se sent un peu perdu à Paris. Oui, j'ai été très longtemps perdu à Paris. »

Plume, encre de Chine, aquarelle et crayons de couleurs, 2000.

Plume et encre de Chine, 1980.

Plume et encre de Chine, 2001, 1990.

Plume et encre de Chine, 1995.

« *Je me sens beaucoup plus proche d'un temps où les autobus avaient des plates-formes. C'était un enchantement la plate-forme. On attrapait des rhumes terribles, mais ça faisait partie de la vie de Paris. Ça m'enchantait. J'adorais dessiner des autobus à plate-forme. Maintenant comment voulez-vous dessiner un autobus? Ils ressemblent tous à un car de voyage, à un camion de livraison.* »

Plume, encre de Chine et aquarelle, 2000.

« L'élégance parisienne existe. Ce n'est pas par hasard qu'on parle des "petites femmes de Paris". L'autre soir, boulevard du Montparnasse, passait une jeune fille avec une jupe simple et un chemisier blanc. D'une évidente élégance. Je trouve ça délicieux, même si ça disparaît de plus en plus. »

Plume, encre de Chine et aquarelle, 2010.

« *Je trouve qu'on a dit beaucoup de mal du baron Haussmann, à tort, car il a fait des choses formidables. Il a fait des avenues merveilleuses et ses immeubles, je les aime beaucoup. Peut-être parce que c'est un bonheur pour moi de les dessiner, même si j'invente !* »

Plume, encre de Chine et aquarelle, 2000.

Plume, encre de Chine et aquarelle, 2000, 1998.

Plume et encre de Chine, 2000.
Plume, encre de Chine et aquarelle, 2000.

Plume et encre de Chine et aquarelle, 2000.
Plume, encre de Chine, 2000.

« Quand je dessine les ponts de Paris, je fais toujours un peu n'importe quoi,
sauf pour le pont des Arts, parce que je suis fasciné par ce pont.
Hélas, je ne fais pas les courbes comme il faudrait les faire.
À chaque fois, quand c'est fini, je ne suis pas content.
Je me dis : "Mais non, ce n'est pas comme ça qu'il faudrait le faire."
Alors, de temps en temps, mais régulièrement, je m'y remets.
Avec l'espoir de pouvoir me dire un jour : "Ça y est, cette fois-ci,
j'ai réussi le pont des Arts !" »

Plume, encre de Chine et aquarelle, 2000.
Page suivante : plume et encre de Chine, 2000.

Plume, encre de Chine et aquarelle, 2011.

Plume et encre de Chine, 2000.

« *Je pense que c'est plus du côté du silence que de la parole que je me situe.*
Je pense toujours qu'on doit se rendre compte
du tort que l'on fait à quelqu'un en parlant ou du tort que l'on vous fait.
Je pense toujours que les choses vont s'arranger.
Dire, c'est parfois très violent. »

Plume, encre de Chine et aquarelle, 2000.

APRÈS LE SUCCÈS DU PETIT NICOLAS, conçu avec René Goscinny, Jean-Jacques Sempé convainc Alex Grall de publier, en 1962, son premier livre de dessins d'humour, *Rien n'est simple* (Éditions Denoël) : « *Je voudrais que les titres de mes albums traduisent un peu cette pensée qui, vous allez le voir, est grandiose et pleine d'espoir, quelque chose comme : "Bon, ben c'est comme ça. Après tout pourquoi pas ? Il y a des clous par terre, mais continuons, on va bien voir…"* »

Au fil du temps, le travail de Sempé évolue. Si l'humour reste toujours présent, s'y adjoint un regard plus profond sur la société.

En quarante albums, de 1962 à 2010, le dessinateur de presse devient un auteur reconnu. Qu'il parle du couple, de la psychanalyse, de Dieu, de l'enfance, des vacances, de la création, de la télé, des manifestations, des musiciens ou du sport, Sempé ausculte avec tendresse les vérités de l'âme humaine. Chaque dessin s'offre comme un miroir tendu au lecteur, qui sourit ou s'étonne de voir ainsi doucettement démasqués ses balourdises, maladresses, agacements ou mesquineries.

D'année en année, le trait devient peu à peu plus aérien, plus délicat, pour mieux suggérer sans jamais juger : « *Aussi petits soient mes personnages, je ne les regarde jamais de haut. D'ailleurs, je suis toujours quelque part, dans un coin du dessin.* »

Sempé

Sempé

Sempé

Sempé

Sempé

GRANDS RÊVES

Beau Temps

Sempé Un peu de Paris

Multiples intentions

Sempé Un peu de la France

Sentiments distingués

SEMPÉ À NEW YORK

ENFANCES

Éditions Denoël

Éditions Denoël

Gallimard

Éditions Denoël

Gallimard

Éditions Denoël

Éditions Denoël
Éditions Martine Gossieaux

Éditions Denoël
Éditions Martine Gossieaux

« *Avec le dessin politique, vous faites un commentaire sur un fait que tout le monde connaît plus ou moins.*
Si vous dessinez le président de la République du moment, tout le monde le reconnaît. Même moi, qui ne lis pas les journaux, au bistrot j'entends plus ou moins des conversations ou je trouve un journal
et je suis au courant de ce qui se passe.
Le dessin humoristique, au contraire, n'est pas relié à l'actualité politique.
Ni même à l'actualité factuelle. Ça peut être n'importe quoi.
Ça peut être deux petits chats qui se parlent entre eux, ça peut être un poisson, des gens qui se promènent… Ça peut se passer au XVIIe siècle ou n'importe quand. C'est le luxe parfait. »

« *Il y avait une phrase dans l'atelier de Savignac qui disait :*
"Contrairement à ce que l'on croit ce n'est pas l'œil qui guide la main, mais la main qui guide l'œil."
La première fois que j'avais déchiffré cette phrase, j'avais trouvé ça un peu bêta. Quinze secondes après, je m'apercevais que j'avais pensé moi-même une énorme bêtise parce que c'est vrai, c'est la main qui guide l'œil.
Quand votre main a envie de faire certains gestes, certaines choses, c'est elle qui vous oblige, dans le fond, à voir. Quand vous faites un dessin, vous vous apercevez que c'est bien votre main qui a guidé votre œil. »

« *Le dessin d'humour demande beaucoup d'humilité. Il ne faut jamais chercher à se faire plaisir. Penser uniquement aux gens qui vont regarder le dessin. Penser à la reproduction, avec tout ce que cela comporte de difficultés. Il faut que le trait ne soit pas trop fin, que ce soit facilement reproductible et que l'on puisse réduire le dessin. Parce que les dessins sont plus grands que ce qui est reproduit. Il faut absolument ne pas montrer qu'on pourrait faire mieux. Qu'on pourrait être artiste. Essayer de se faire comprendre, ça n'est pas facile. Il faut être le plus explicatif possible en suggérant. Il ne faut pas être lourd. Et ne pas être lourd c'est difficile. Vouloir être léger, c'est dur.* »

Plume, encre de Chine et aquarelle, 1964.

— *Vite, vite! Voulez-vous m'épouser?*

« Je fais des personnages extrêmement simples. Très simples. Mais il y a
un petit détail que je souhaite différent pour chacun. Un monsieur
de 45 ans ne ressemble pas à un jeune homme de 18 ans. Et puis,
dans la rue tous les gens sont extrêmement différents. Et je trouve ça
formidable. Quand je dessine, c'est le minuscule petit détail
qui m'intéresse. Si c'est raté, il faut prendre une autre feuille de papier
à dessin et recommencer. J'aimerais, mais ça reste un rêve, qu'on ait
le sentiment que le dessin est une forme modeste d'écriture.
Alors oui, oui, oui, je recommence. »

« Je n'aime pas beaucoup la solitude que mon métier m'impose puisque
pour dessiner et chercher des idées il faut se retrouver seul dans son atelier
pour travailler. Je n'aime pas beaucoup ça, non. Et en même temps,
j'aurais été incapable de travailler en équipe.
Oui, il y a une énorme contradiction entre la difficulté que j'ai
de travailler tout seul et l'impossibilité que j'ai de travailler en équipe.
C'est peut-être ça qui fait les humoristes…»

Plume, encre de Chine et aquarelle, 1966.

— *Hélène ! Je crois qu'on a volé la voiture !*

— *Ils sont vraiment restés simples...*

Plume, encre de Chine et aquarelle, 1963.

— Et, en plus, tu me jettes du pain, Georgette !...

Plume, encre de Chine et aquarelle, 1964.

Plume, encre de Chine et aquarelle, 1972.

— Nos rapports professionnels resteront les mêmes, Mathilde, mais vous ne serez plus jamais ma Riviera.

— *Tu auras supprimé la sonnerie de ton portable puisque tu es (comme d'habitude!) en réunion. Ma voix aboutit donc dans ton sac, dans un bric-à-brac de carnets, de trousseaux de clés, poudrier, brosse à cheveux, bas de rechange, pastilles à la menthe, etc. Tu comprendras que j'étouffe. Ça ne va pas. Ayons une vraie vie de foyer. Ça m'aiderait : c'est dur la télé, il faut se battre. Dans d'autres conditions de vie j'y arriverais. Je réussirais même à présenter le 20 heures. Et, chaque soir, je ferais un petit signe, imperceptible par les autres, destiné à toi seule.*

— *Il est courageux, Rodrigue, hein? Il est vertueux, hein? Eh bien, voulez-vous que je vous dise*
combien il me verse de pension alimentaire pour moi et les petits?

« Ça n'est pas parce qu'on a fait quelque chose qu'on est rassuré
pour le futur. Moi, je ne pense qu'aux choses à faire, et là, c'est l'inconnu :
"En suis-je capable, qu'est-ce que ça veut dire,
est-ce que ça vaut le coup ?" »

« Un auteur, à qui l'on demandait ce qu'il avait voulu dire, a répondu :
"Je n'ai pas voulu dire, j'ai voulu faire." Il avait bien raison, ce monsieur.
Moi aussi, j'ai seulement voulu faire. »

Plume, encre de Chine et aquarelle, 1966.

Plume, encre de Chine et aquarelle, 2003.

— *Un lion blessé est toujours cruel!...*

105

Plume, encre de Chine et aquarelle, 2003.

« André mon amour perdu.
Douloureuse séparation ! Mais c'est gentil de m'avoir laissé une adresse. J'étais anéantie. Je ne pouvais pas faire un geste. Je te revois, accoudé au bastingage quand on a relevé la passerelle. Je revois tes gestes de désespoir lorsque le navire a commencé à s'éloigner et que tu as réalisé (enfin !) que j'étais assise sur ta valise. »

« *Je pense que je suis, je crois, j'espère que je suis un dessinateur humoriste, un dessinateur d'humour. C'est ce qui me plaît. Il y a parfois des gens qui pour être très gentils me disent : "Mais non, mais ce que vous faites, c'est mieux que du dessin humoristique." Or, pour moi, il n'y a pas mieux que le dessin humoristique.* »

Plume, encre de Chine et aquarelle, 1977.

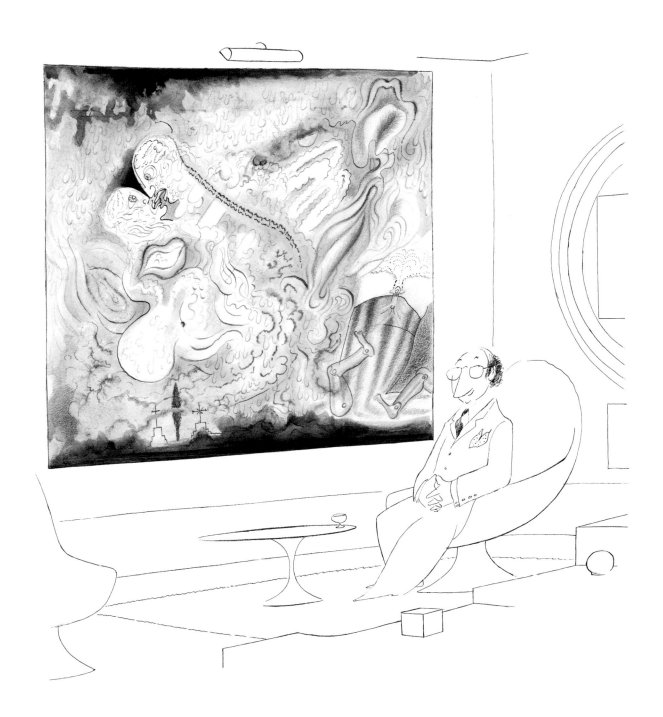

— *Qu'est-ce qu'il vous prend ? Vous êtes ivre ?*

Plume, encre de Chine et aquarelle, 1964.

Encre de Chine et mine de plomb, 1972.

— Je ne peux pas rester longtemps, mais j'avais besoin de me réfugier un moment : le Diable est partout.

— *Quand Puysseguin, l'oto-rhino, n'a pas trouvé la cause de ces bourdonnements d'oreilles intermittents, je me suis dit : «Ce que tu peux être bête, ma fille ! Ça veut dire qu'il y a un message pour toi, tu sais où.»*

113

Plume, encre de Chine et aquarelle, 1999, 1991.

« *Mon rêve, c'est plutôt d'être au cœur de l'âme de chaque personnage.*
De regarder l'intime plutôt que le monde. C'est ce que je voudrais arriver
à faire dans mes dessins, mais c'est très prétentieux. Mais, qu'y puis-je ?
Ce que je sais, c'est que c'est pour moi un travail énorme.
De temps en temps, je réussis. Très rarement. C'est ce qui me réconforte,
mais c'est très difficile, pour moi, de réussir ça. »

Plume, encre de Chine et aquarelle, 2000.

Plume et encre de Chine, 2003.
Plume, encre de Chine et aquarelle, 1983.

— Je peux, certes, vous rendre jeunesse et beauté, mais je ne peux pas vous garantir que ce sera un physique typiquement à la mode.

Plume, encre de Chine et aquarelle, 1987.

— *Eh bien, madame Ispanin, il y a eu de la bagarre entre Jupiter et Uranus à votre sujet, cette semaine !*

— *Vous ne pouvez pas vous imaginer ce que ça peut coûter.*

Plume, encre de Chine et aquarelle, 1983.

Plume, encre de Chine et aquarelle, 1979.
Page suivante : plume, encre de Chine, aquarelle et crayons 1979.

« *La légende veut que Duke Ellington ait dit : "Le jazz est à la musique*
classique ce que le dessin d'humour est à la peinture." Pour moi,
ça a toujours été proche. C'est-à-dire que le dessin d'humour,
ce n'est pas grand-chose. Comme dans le jazz, l'art, c'est de suggérer.
C'est le contraire de notre époque qui enfle tout.
Le dessin d'humour, comme le jazz, c'est l'humilité. »

« *Enfant, je m'évadais tout le temps. Je rêvassais. J'imaginais que,*
plus grand, je serais dans l'orchestre de Duke Ellington.
Mais ce qui m'inquiétait, c'est que je ne connaissais pas une note !
Il n'empêche : j'imaginais que les gentils membres de l'orchestre
m'apprendraient la musique, me formeraient.
Et que je jouerais du piano, tout simplement, avec eux. »

Plume et encre de Chine, 1979.

Plume, encre de Chine et gouache, 1979.
Plume et encre de Chine, 1979.

Plume, encre de Chine et gouache, 1979.

« J'ai été gâteux très jeune, en aimant des choses
qui étaient déjà démodées : cela m'a donné de grandes joies dans la vie.
J'aime bien mon époque et je ne suis pas contre le progrès,
mais je voudrais que les choses soient à la fois
plus faciles et moins organisées. J'aime le hasard. »

133

Page précédente : plume, encre de Chine et aquarelle, 1972.
Plume et encre de Chine, 1977.

— Je serai bref ; je n'ai rien à ajouter à ce que j'ai dit hier soir à la télévision.

Plume et encre de Chine, 1970.
Page suivante : plume et encre de Chine, 1970.

— *Vous allez voir, c'est quelqu'un d'exceptionnel.*

— *Pour la veste : rétrécir l'épaule droite et remonter la gauche, reprendre la taille, remonter la poche droite. Pour le pantalon : donner un peu plus d'entre-jambe, effacer les faux plis de la jambe droite, et rallonger les deux jambes qui doivent casser légèrement sur les chaussures.*

Plume et encre de Chine, 1970.
Page suivante : plume et encre de Chine, 1983.

– *Attention !*

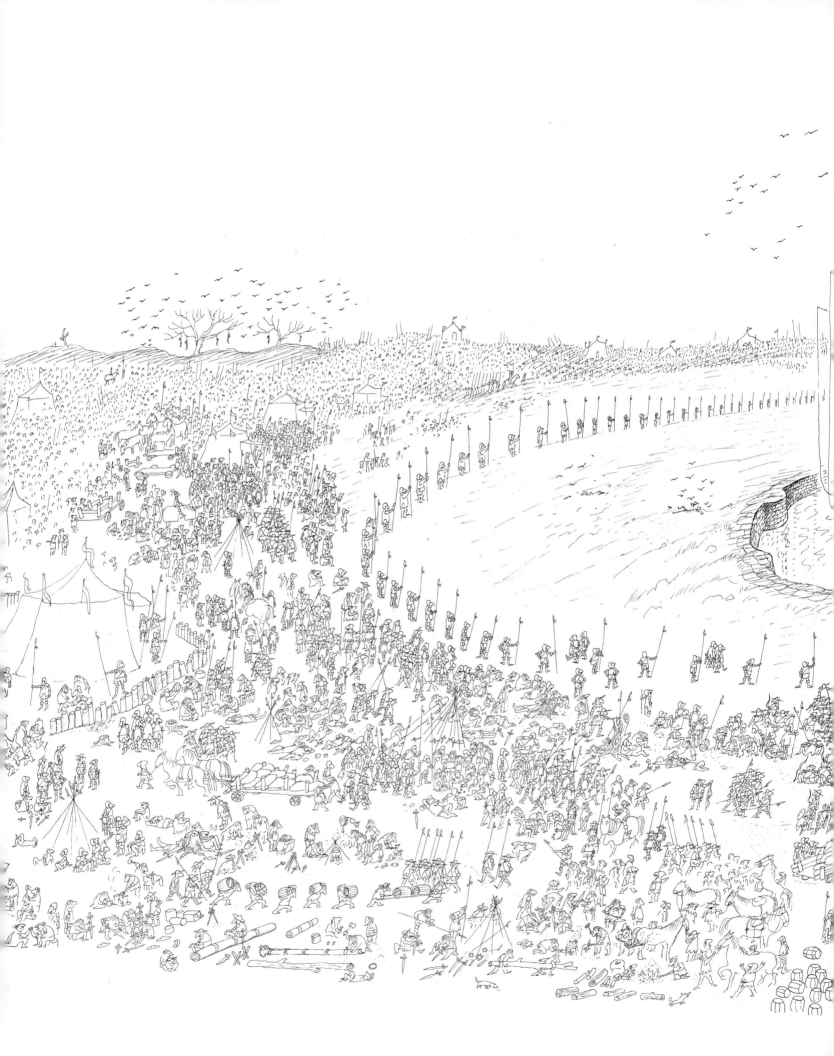

« *Si j'en avais les possibilités culturelles, je m'intéresserais
au langage, car l'humour naît souvent de l'immense décalage qui existe
entre les mots et la réalité.* »

Plume, encre de Chine et aquarelle, 1963.

— Réfléchissez bien, Monsieur Martineau! Réfléchissez bien! Je vous rappelle que vous pouvez arrêter et partir avec les 75 nouveaux francs que vous venez de gagner. Si vous continuez vous risquez de tout perdre, mais vous pouvez aussi gagner 75 autres nouveaux francs, ce qui vous ferait un total de 150 nouveaux francs! Vous continuez, Monsieur Martineau?

« *Il est très difficile d'expliquer l'ordonnance de la recherche d'une idée.*
Il n'y a pas très longtemps, j'ai fait un dessin auquel j'avais pensé
il y a vingt ans. Mais je n'avais pas trouvé le moyen de l'organiser.
Alors entre-temps, j'ai fait d'autres choses,
mais il aura fallu vingt ans pour que je trouve comment faire ce dessin. »

Plume, encre de Chine et aquarelle, 1985.
Page suivante : pastel et aquarelle, 2003.

— *Vous avez écrit une bonne douzaine de romans, lus par des centaines de milliers de lecteurs. Les films tirés de vos livres ont été vus par des millions de spectateurs. Vous avez plusieurs résidences dans différents pays, plusieurs yachts et, bien entendu, plusieurs voitures. Aussi dites-moi : pourquoi ne vous êtes-vous marié qu'une seule fois?*

« *Si je me laisse submerger par l'actualité, c'est fichu ! L'autre jour,
après avoir entendu à la radio le récit du krach boursier,
je suis sorti dans la rue : une dame avait fait tomber son pain par terre,
une autre l'avait ramassé et toutes deux parlaient. C'était formidable,
il y avait un tel décalage entre ce que je venais d'entendre et cette scène…
Ce sont ces infinis détails, ces avatars quotidiens, qui assurent la pérennité
des choses, tout en les rendant déconcertantes, et même comiques.* »

154

Plume, encre de Chine et pastels, 1964.
Pages suivantes : plume et encre de Chine, 1970, 1972, 2003.

SHOUM
A
L'HUILE
VSOP
La Gaine
Up to date
SMART
CHEZ SMART
TOUT EST
SMART
BIERE DE LUXE

— Vous avez de la chance d'habiter
le quartier chic.

« *Le plaisir, c'est le miracle ! C'est comme le coup de foudre, c'est comme,*
je ne sais pas comment dire, moi, comme le sentiment
amical ou le sentiment amoureux. Je crois qu'on ne peut vivre
que parce qu'il n'y a que les miracles qui comptent...
Pour le reste : il y a les sociologues, il y a tout ce que vous voulez.
Nous sommes armés pour beaucoup de choses, sauf pour l'essentiel,
cette chose ineffable et inexprimable qu'est le miracle. »

Plume, encre de Chine et aquarelle, 2003.
Pages suivantes : plume et encre de Chine, 1977.

— *C'est très bon ce que vous faites,*
mais elle est très mal placée votre galerie.

« *Je ne crois pas que je dessine beaucoup de gens condamnables,
qui aient besoin d'excuses. Je ne les juge pas, ils vivent... Mes personnages
sont des petites personnes, comme vous et moi, qui cherchent seulement
à se débrouiller dans la vie.* »

Plume et encre de Chine, 1968.

P. DARAS (La Gazette des Arts)... ★★
NIAWSKI (Art News)... ★★★ ★
BIRO (La Vie Artistique)... ★★★ ★
OS (Nouvelles des Arts)... ★★ ★★★
OLLAH (Cahiers de l'Art)... ★★★ ★

ADAC (La Gazette des Arts)...
...SKII (Art News)... ★★
DUDEBRO (La Vie Artis)... ★★★
J.JULOS (Nouvelles Arts)... ★★
ROLLAN (Cahiers de l'Art)... ★★★★

P. DARAS (La Gazette des Arts)...
Xavier LAPOMIAWSKI (Art News)... ★★★
Paul DEBRO (La Vie Artistique)... ★★
A.M. JULOS (Nouvelles des Arts)... ★★★★
René ROLLAN (Cahiers de l'Art)... ★★

« J'adore les livres. J'ai des livres de dessins d'amis, de gens que je n'ai pas connus, que j'adore. Pour moi, un livre de dessins, c'est un objet qu'on peut ouvrir n'importe où, que l'on feuillette, et qui vous tient compagnie pendant des années. J'ai été très, très, très ému, un jour : je faisais une signature dans une librairie. Il y a une dame qui vient me demander de signer *Monsieur Lambert* qu'elle avait acheté plusieurs années auparavant. Et qui était un livre vraiment très abîmé. Elle me dit : "C'est le livre de mon mari qui est anglais, mais qui adore la France, et qui, où qu'il se trouve, met toujours ce livre-là sur sa table de chevet". Ça m'a fait très plaisir. Immensément plaisir. »

Plume et encre de Chine, 1983.

— J'aimerais pousser une longue plainte, jusqu'à 100, 150 000 exemplaires...

— *Regarde la mouche : elle se frotte les pattes avant, comme on se frotte les mains lorsqu'on est content. Ça doit être bon ce que j'écris en ce moment.*

— Ça me donne envie de lire des livres d'Histoire.

— *Il a voulu m'embrasser !*

— J'ai envie d'écrire une symphonie inspirée d'un tableau que j'ai fait, d'après le livre que j'ai commencé, qui pourrait être adaptée pour un ballet dont l'arrangement est un excellent point de départ d'un film qui pourrait être coproduit par la télévision et programmé en feuilleton puis distribué en adaptation théâtrale dans le circuit des maisons de la culture.

— *J'ai modifié tout le deuxième acte. Lucienne, dis-moi ce que tu en penses...*

« La base de l'humour, je crois, c'est une grande naïveté.
Une très grande naïveté. Alors, le naïf que je suis cherche seulement
à faire quelque chose du ridicule de ses croyances.
Du ridicule de sa stupidité. »

Plume, encre de Chine et fusain, 1966.
Page suivante : Plume et encre de Chine, 1972.

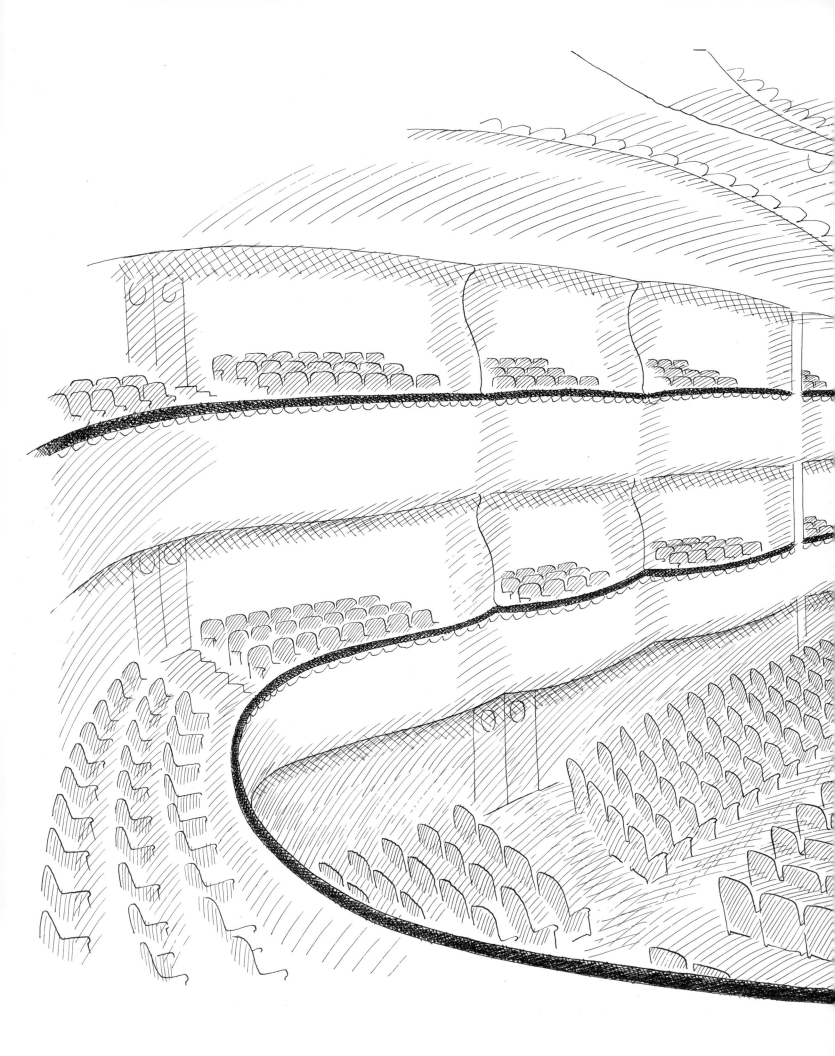

— *C'est dans la boîte !*

« *La mélancolie et la nostalgie font partie de la vie. Un bon moment*
que l'on passe est forcément mélancolique. On est très, très content,
mais quelque chose nous dit, dans un coin de notre tête, que ça va passer ;
et que c'est passé. C'est fait. C'est comme… des vins qu'il ne faut pas
déboucher, sinon ils perdent leur arôme, comme des tableaux
qu'il ne faut pas exposer à la lumière…
La mélancolie, c'est la conscience profonde que nous ne sommes
que de braves petits êtres en quête d'autre chose,
mais qu'on ne saura jamais quoi. Et quand on le saura, ce sera grave. »

Plume, encre de Chine et aquarelle, 1987.
Pages suivantes : plume, encre de Chine et aquarelle, 1963, 1997.

— Vous êtes ici pour vivre la Vraie Vie, pour oublier cette stupide et déprimante vie que vous menez.
Voilà comment on dit bonjour : « WHOU WHOU WHOU WHAM », en se tapant la bouche avec la main. Bonsoir c'est...

Plume, encre de Chine et aquarelle, 2010.

« Quand j'allais en vacances à Saint-Tropez, je restais un petit
boulonneur, un petit travailleur. Je me rappellerai toujours
une phrase de Françoise Sagan. Un jour, je lui dis :
"Écoute, non, je ne peux pas sortir ce soir, ça se termine trop tard.
Après, je suis crevé et je ne peux pas travailler." Elle m'avait répondu :
"Tu ne vas pas me dire que tu travailles tous les jours ?"
Et ça, ça m'avait beaucoup fait rire. »

Plume, encre de Chine et aquarelle, 1970.
Page suivante : plume, encre de Chine et crayon, 1968.

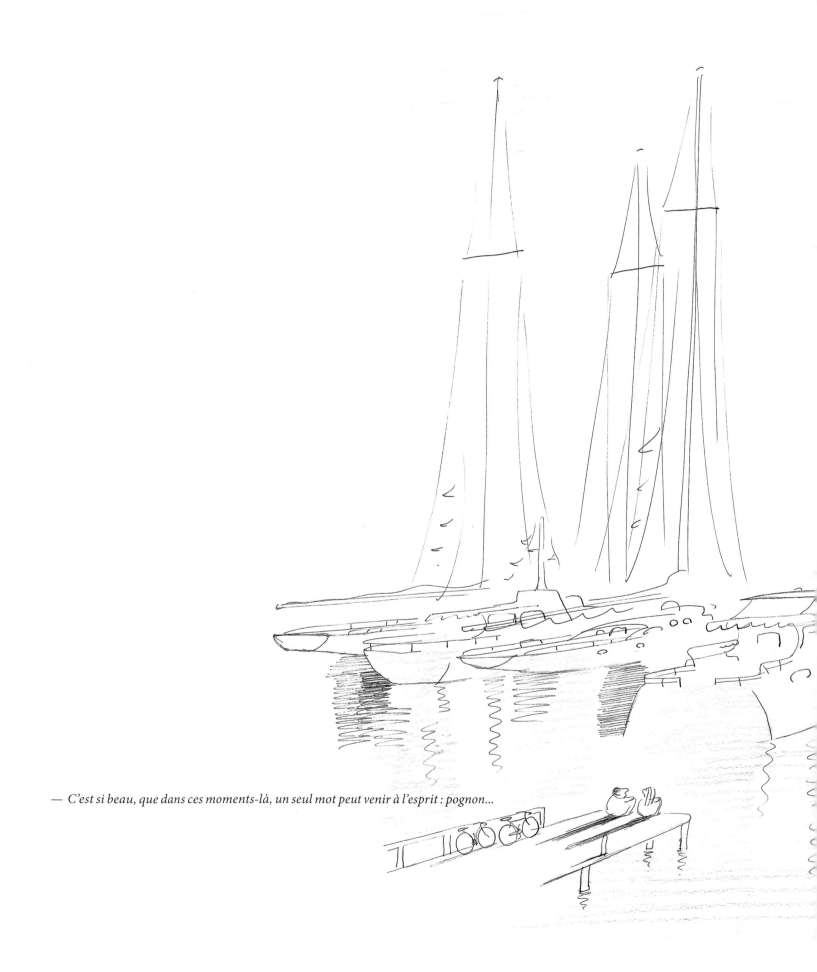

— *C'est si beau, que dans ces moments-là, un seul mot peut venir à l'esprit : pognon...*

« J'ai conservé un état d'esprit qui est parfois un peu ridicule.
J'ai un côté enfant qui m'agace beaucoup, mais c'est comme ça.
Il y a quelques années, quand je voyais des gosses qui jouaient au ballon,
je ne pouvais pas m'empêcher de me mélanger à eux !
Une fois, j'ai dribblé deux ou trois gosses, shooté et marqué le but.
Et j'ai entendu un des enfants dire à un autre : "C'est un professionnel !"
J'étais fier, très fier. Je suis parti nonchalamment,
mais en balançant un peu les épaules quand même ! »

200

Plume, encre de Chine et aquarelle, 1963.

— *Taisez-vous ! Inutile d'insister. Puisque vous avez cassé mes lunettes hier soir, vous ne vous baignerez pas.*

« Quand je me suis mis à dessiner,
j'ai eu envie de dessiner des gens heureux.
Envie de faire du dessin humoristique avec des gens heureux.
Ce qui est de la folie. Mais ça, c'est mon caractère. »

Plume, encre de Chine et aquarelle, 2011.

Plume, encre de Chine et aquarelle, 2010, 2009.

« J'ai toujours eu une vie pratique assez chaotique. Je n'ai jamais été
complètement installé. Réellement. Ça tient peut-être à ma nature
ou aux évènements. Mais je peux dire que ma vie n'a été faite que de ça.
Je n'ai jamais suivi un chemin raisonnable, réfléchi.
Je crois que je n'ai jamais pris une décision pour aller
d'un point à un autre. Ça ne s'est jamais fait comme ça.
Comme je suis désordonné, j'adore l'ordre. Je rêve effectivement d'être
quelqu'un d'extrêmement sage, raisonnable, réfléchi.
Mais mon enthousiasme ou mon désordre l'emportent toujours. »

Plume, encre de Chine et aquarelle, 1964.

— La porte !

S'IL AFFECTIONNE LE DESSIN D'HUMOUR qui raconte à lui seul une histoire, Jean-Jacques Sempé aime aussi concevoir des récits plus longs où des personnages décalés s'interrogent sur les règles du je en société.

Avec *Monsieur Lambert*, puis *L'Ascension sociale de Monsieur Lambert*, il s'amuse de ces conversations de bistrots où la politique et le football parfument le goût du lapin chasseur de Lucienne et ironise sur nos actes « qui, non contents de nous suivre, nous précèdent pour nous empêcher d'avancer ».

Avec Marcellin Caillou, rougissant, et René Rateau, éternuant, il se joue de ces différences qui font la complicité et observe que « deux vrais copains n'ont pas forcément besoin de se parler pour échanger ».

Dans *Par avion* – commande du directeur du magazine *The New Yorker* –, il observe avec curiosité et amusement les mœurs d'une Amérique où l'on mange chinois et où les femmes traquent la nouveauté pour rester, coûte que coûte, « branchées ».

Raoul Taburin, marchand de cycles respecté de Saint-Céron, porte en lui un lourd secret qui le conduit d'abord à faire rire (« parce que l'art de faire rire permet de masquer bien des choses ») puis à réaliser le « fol exploit » qu'immortalise l'appareil photo d'Hervé Figougne.

Âmes sœurs pointe mélancoliquement la complexité des rapports humains et particulièrement la difficulté toujours surprenante de la relation amoureuse. Jean-Jacques Sempé y dit, en souriant, nos émois lorsqu'on est « aux prises avec la beauté », l'intensité douloureuse des « bonheurs cosmiques » et le rêve de chacun « d'une vie simple avec quelqu'un d'équilibré ».

Monsieur Lambert, *plume et encre de Chine, 1964.*

peut rien construire !

aujourd'hui ? Elle ava
son tailleur en JERSEY.

! 36 ! vous parlez à ;

lons !

Dites tout de suite que
je radote ! Car enfin,
si je dis qu'en 36...

la suite
S.V.P.

C'est ce
qu'on appelle
l'Amitié..

it d
su
aires

cienne, la
te s'il vou
lait !.

je n'ai pas di
ça, je dis que vous
êtes rétrograde !

France-.

du bon t
lui au moins !

le REAL de
MADRID

ais non.
voudrais
e vous so

mais si ! dites-le !
dites-moi : vous êtes
un radoteur !...

le voilà !

à

Lucienne !

mi-te

salut

un yaourt s'il
... plaît !

3-0 :

mais parfaitement !
parfaitement ! la gauche
pas voir ! parce qu'une
e qui se respecte ne regarde
as la droite !..

Pas pipé
mot !

Ils ont trop com
ball .. il y
en France.

ne me faites pas rire ! Comme
a gauche de maintenant était

t trop coup

Le mardi, un fait anodin en apparence se produisit. Nous parlions de je ne sais trop quoi, quand Lambert prononça quelques mots au sujet, nous sembla-t-il, de la terrine. Puisque c'est ce qu'il avait dans son assiette.

Au cours du débat qui suivit, se fit jour la nécessité d'une concertation plus approfondie qui, sur la proposition de Chaudère, devait avoir lieu le soir même.

L'ascension sociale de Monsieur Lambert, *plume et encre de Chine, 1975.*

Au milieu de cette tornade de mutations, de cet ouragan de déplacements de succursales, la nouvelle de ce parking était la mouette annonçant la terre ferme.

MARCELLIN CAILLOU

Parallèlement à son travail régulier de dessinateur, Sempé s'est toujours plu à inventer quantité d'histoires, souvent inachevées, qu'on retrouve dans ses carnets de croquis.

Parce qu'il avait envie de mettre de la couleur dans ses dessins, il crée en 1969 le personnage de Marcellin Caillou, petit garçon timide et rougissant. Marcellin rencontre un petit violoniste délicat, René Rateau, qui éternue sans cesse ; les deux enfants deviennent vite inséparables jusqu'au déménagement de la famille Rateau : « *Peut-être est-ce parce que je n'ai pas eu beaucoup d'amis étant gosse, mais les histoires d'amitié entre deux enfants me touchent beaucoup. Et la complicité qui peut naître de différences dont les autres se moquent m'émeut.* »

218

Plume, encre de Chine et aquarelle, 1969.

PAR AVION

En 1985, le directeur du *New Yorker*, M. Shawn, demande à Jean-Jacques Sempé s'il peut réaliser un équivalent américain de *Monsieur Lambert*. D'abord convaincu qu'il ne pourra honorer cette commande, il s'essaie finalement à raconter la vie de l'immeuble où il loge, sur Central Park West.

Il s'amuse de ce milieu d'écrivains, d'éditeurs et d'artistes, décrit son étonnement devant ce désir constant et touchant de créativité et raille tendrement ces intellectuels agités et dynamiques, capables de remuer ciel et terre pour être présents à l'ouverture d'un nouveau restaurant afghan, forcément sublimissime. Il se moque de son anglais approximatif, mais apprend à dire avec aisance : « *There are still women like that !* »

Plume, encre de Chine et mine de plomb, 1989.

Hier, mon cher René-Alexis, j'ai rendu visite à votre cousine et lui ai remis le paquet que vous m'aviez confié. Cela ne m'a pas dérangé ; ici à New York tout le monde porte quelque chose, quel que soit le moment de la journée. Comme la ville est constamment en travaux, on a l'impression que chacun participe à un gigantesque déménagement perpétuel.

ÂMES SŒURS

Avec *Âmes sœurs*, Jean-Jacques Sempé vise plus que jamais à lier dessin et écriture. Sur la difficulté de s'entendre avec un ami, de comprendre la psychologie féminine, ou d'être en phase avec ses proches, il juxtapose un dessin de la vie quotidienne avec un texte qui contredit ou conforte la scène. Chaque page cache sous sa légèreté les mille non-dits de nos existences, les grains de sable qui enrayent les relations humaines. Et, au bout du compte, on ne sait s'il faut rire ou pleurer de ces âmes sœurs si rares dans le livre.

Plume, encre de Chine et aquarelle, 1991.

Après m'avoir écouté très attentivement (il avait gravement hoché la tête à plusieurs reprises), mon vieil ami Paul me dit qu'il avait, depuis belle lurette, pris l'habitude de se considérer comme le plus malheureux des hommes afin de ne pas être trop sensibilisé par le récit des déboires des autres.

« Le rêve de ma vie, quand j'étais enfant, c'était de posséder un vélo.
J'ai attendu longtemps avant d'en avoir un que me prêtait
le courtier en vin chez qui je travaillais à Bordeaux.
Le vélo, pour moi, c'est la vraie liberté. Si on est prudent, on peut prendre
les sens interdits, monter sur les trottoirs, ignorer quelques règles.
J'aime bien ignorer les règles... »

RAOUL TABURIN

Pendant qu'il créait le personnage de Marcellin Caillou, Jean-Jacques Sempé esquissait sur un grand carnet noir l'histoire de Raoul Taburin, sans parvenir à l'achever. C'est quelques années plus tard, en 1995, qu'il publie l'album qui conte les aventures de l'illustre marchand de cycles et du célèbre photographe de Saint-Céron, et le fol exploit qui résulte de leurs mensonges : *« Quand quelqu'un souffre d'un handicap qu'il n'avoue à personne, sa vie se modifie, évidemment. Mais, s'il rencontre quelqu'un qui cache lui aussi un secret, j'aime à penser que peut naître une complicité, sans que rien ne soit dit pour autant. »*

224

Plume, encre de Chine et aquarelle, 1995.

LE FOL EXPLOIT DU CYCLISTE FOU

LE C(
BUDG'

ONNE
PRISE

INTL
MILIT

© Hervé Fiçougne

OPINIONS

LE COURAGE BÊTE
par
Alain de Saint-Roch

l'Altruisme spongieux
par
Marc Le Crap

QUI PAIE ?
par
Robert Dulaçr

sempé.

Tout le monde se rappelle la photo qui fut diffusée largement dans la presse française et étrangère.

Complice avec René Goscinny pour *Le Petit Nicolas*, Jean-Jacques Sempé aime aussi se faire illustrateur de textes d'amis écrivains.

Avec Patrick Modiano, il donne un visage à *Catherine Certitude,* qui dirige un cours de danse à New York, 59e rue et se souvient du temps où elle vivait seule avec son papa, à Paris, Xe arrondissement. Du temps où son papa vendait des sièges d'avion «Constellation» pour en faire des fauteuils de cinéma et «travaillait dans les paquets» avec son associé, monsieur Casterade, poète et «crampon». Du temps où son papa rêvait d'ascension sociale avant de se décider, finalement, à rejoindre sa femme aux États-Unis…

Le personnage de Patrick Süskind, Monsieur Sommer, est «obligé de courir tout le temps dehors parce qu'il a la claustrophobie». De quoi inquiéter et fasciner un petit garçon qui grimpe aux arbres pour s'isoler, qui rêve de voler, qui envisage un instant de se tuer parce que l'univers «est injuste, méchant et infâme» mais qui saura garder toute sa vie un joli secret. Sempé se joue de ce climat inquiétant, angoissant parfois.

sempé / goscinny le petit nicolas   denoël

Sempé / Goscinny Les vacances du petit nicolas   Denoël

Sempé/Goscinny Le petit nicolas et les copains   Denoël

Joachim a des ennuis

Sempé / Goscinny Les Récrés du petit nicolas   Denoël

Goscinny
&
Sempé

Histoires
inédites
du
Petit Nicolas   IMAV éditions

Goscinny
&
Sempé

Histoires
inédites
du
Petit
Nicolas   IMAV éditions

Goscinny & Sempé Le ballon Le Petit Nicolas   IMAV éditions

MODIANO/SEMPÉ Catherine Certitude   GALLIMARD

SÜSKIND/SEMPÉ L'histoire de Monsieur Sommer   GALLIMARD

« Le Petit Nicolas, *C'est d'abord une histoire d'amitié. Nous avons mis nos souvenirs d'enfance en partage. Je racontais à René mes histoires de football, de colonies de vacances, mes chahuts à l'école. Et René Goscinny adorait interpréter ces souvenirs. Partant de ce que je disais, il a brodé tout autour, inventé tous les personnages, imaginé des situations, et nous avons fait* Le Petit Nicolas *tel qu'on le connaît. Disons que sans René Goscinny, il n'y aurait pas eu de Petit Nicolas. Et ajoutons que sans moi, il n'y aurait pas eu de Petit Nicolas non plus ! Oui, nous étions de vrais complices !* »

LE PETIT NICOLAS

Dans un journal belge, *Moustique*, Sempé invente le personnage du Petit Nicolas pour une suite de dessins humoristiques.

Avec René Goscinny, qui travaille pour le même magazine, *Le Petit Nicolas* devient une bande dessinée pendant une vingtaine de numéros, puis s'arrête. Quelques années plus tard, *Sud-Ouest* demande aux deux complices de reprendre l'idée. Goscinny écrit les textes et Jean-Jacques Sempé donne vie aux personnages avec des dessins.

En vacances à La Rochelle, Alex Grall, directeur des éditions Denoël, découvre ces histoires dans le journal et propose d'en faire un album. Un classique de la littérature enfantine vient de naître qui séduira le monde entier et sera traduit dans de nombreux pays.

Viendront ensuite *Les Vacances du Petit Nicolas, Le Petit Nicolas et les copains, Joachim a des ennuis,* et *Les Récrés du petit Nicolas* (Éditions Denoël) puis plus récemment, trois tomes d'histoires inédites (Imav Éditions).

Plume et encre de Chine, 1962.

Plume, encre de Chine et aquarelle, 2009.

CATHERINE CERTITUDE

À plusieurs reprises, Dominique, la femme de Patrick Modiano avait incité Jean-Jacques Sempé et son mari à travailler ensemble. Un après-midi où il marche rue de l'Université, Sempé voit Patrick Modiano et sa femme arriver vers lui : « *Ils étaient à une centaine de mètres. Je me suis dit, cette fois, c'est moi qui propose qu'on travaille tous les deux. Et je vais même inventer le sujet ! Ma fille s'appelait "Catherine" à l'époque – elle a depuis choisi le beau prénom de sa grand-mère, Inga – et elle me séduisait par son aplomb, ses enthousiasmes. Il m'arrivait, pour rire, de l'appeler "Catherine Certitude". Quand je suis arrivé à la hauteur des Modiano, avant que Dominique ouvre la bouche, j'ai dit, sûr de moi : "Alors, voilà, nous allons écrire l'histoire d'une petite fille, danseuse, myope, qui porte des lunettes, qui va partir à New York, et qui s'appelle 'Catherine Certitude'. Maintenant, on s'y met !"* ».

Au fil des semaines, naît Catherine Certitude, publié en 1988, où l'on retrouve l'étrange ambiance des romans de Modiano et la musique des zones d'ombre qu'il faut préserver.

N ous ha
sept heures, le
consigne et où
les uns sur les
supporter des

Je n'ai jama
Monsieur Cas
milieu du plate
regard pensif le
sept kilos. Qu
— Tu viens
Et j'allais le
sur mes épaul
l'objectif d'un
était doux et b

Plume, encre de Chine et aquarelle, 1988.

L'HISTOIRE DE MONSIEUR SOMMER

En Allemagne, où il se rend régulièrement pour accompagner la publication de ses livres par l'éditeur Diogenes, Jean-jacques Sempé rencontre Patrick Süskind qui n'a encore, lui, rien publié : « *Il était très drôle, parlait un français approximatif qui m'enchantait. J'étais convaincu qu'il ferait des choses formidables* ».

Après le succès mondial de *Le Parfum*, il lui demande un texte qu'il pourrait illustrer, avec seulement le souhait qu'on y parle de vélo et de piano. Peu de temps après, Patrick Süskind lui envoie *L'Histoire de Monsieur Sommer* : « *J'ai trouvé cette histoire très étrange et très belle. Ce qui m'intéressait, c'est que je connaissais les lieux, la Bavière qui m'avait séduit. C'était un univers qui me sortait de mes habitudes. Et si ce n'est peut-être pas un livre à lire aux enfants le matin de Noël, c'est un livre qui me plaît bien.* »

Page suivante : plume, encre de Chine et aquarelle, 1991.

les champs et les p
le tour du lac, gag
la nuit tombée.

Or, ce qu'il
sion. Il n'allait rien
rait, à part son cas
administratifs du
de visites et ne fa
pour manger quel
banc pour souffle

QUAND IL SE REND POUR LA PREMIÈRE FOIS à New York, en 1965, Jean-Jacques Sempé est tout de suite séduit par les couleurs de la ville et l'énergie de ses habitants. Il y reste une quinzaine de jours, fasciné par cette culture américaine qu'il ne connaissait que grâce à son amour du jazz et des romans policiers.

Il y reviendra à plusieurs reprises, rêvant un moment de s'y installer, mais renonçant finalement à cause de l'obstacle de la langue. Fier de pouvoir utiliser un petit bureau au *New Yorker* à chacun de ses séjours, il parcourt la ville à vélo, étonné et émerveillé : «*Sur la couverture de mon livre sur New York,* Sempé à New York, *le petit bonhomme en rouge qui franchit l'Hudson, c'est moi. Oui, monsieur, c'est moi! Quand j'ai traversé ce pont de Brooklyn, j'étais fier comme un pou. Et impressionné. Mais très, très, très content.*»

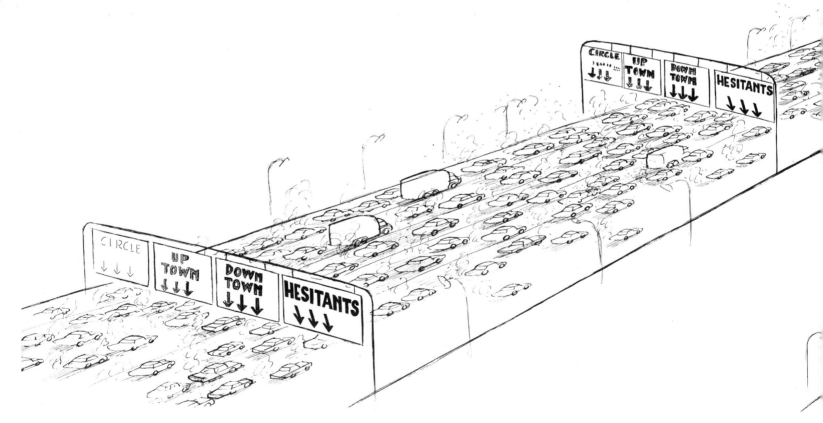

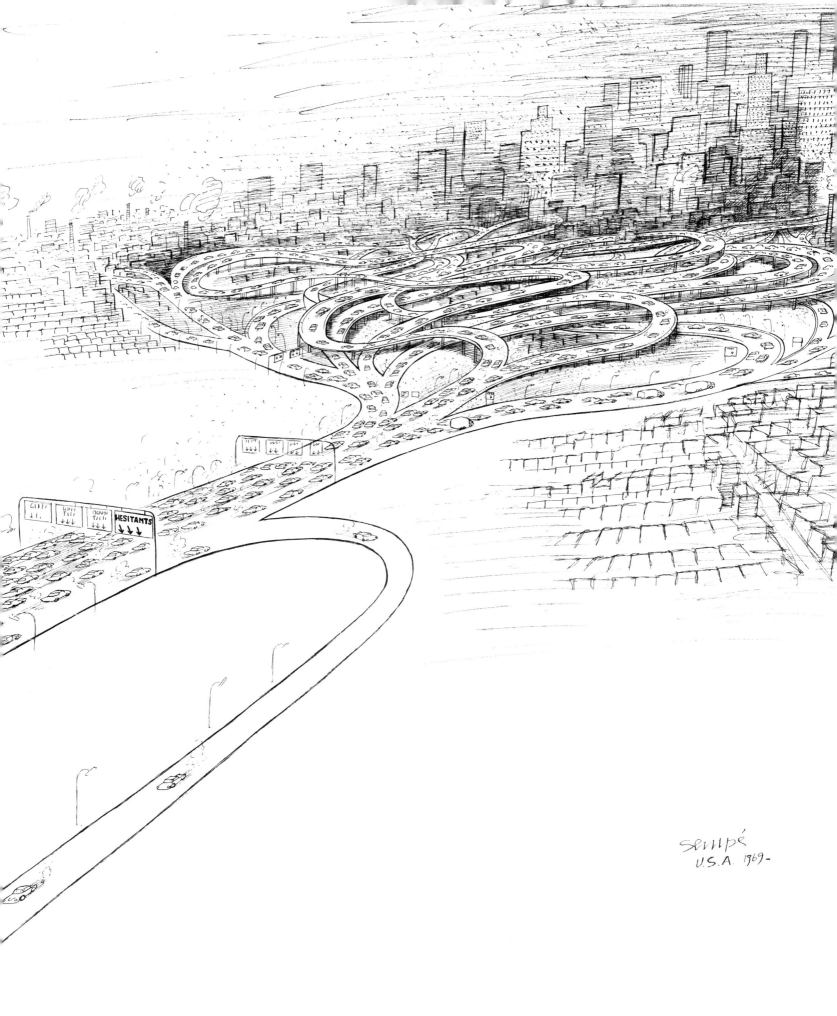

« *À New York, tout me paraissait bizarre, parfois étrange aussi.*
Enfin, quand je dis "bizarre", c'était par rapport à ma vie en France.
Pour eux, rien n'était bizarre. C'était leur vie… »

Plume, encre de Chine et aquarelle, 2007.

« À New York, je me sentais seulement minuscule auprès de gratte-ciel immenses. C'est la vie. C'est comme dans une prairie en France, un jour où il fait soleil et qu'il y a seulement quelques nuages, et qu'on peut voir au loin. On ne se sent pas très grand non plus, hein, à ce moment là ? Ça m'a toujours étonné ce sentiment des êtres humains qui ne se rendent pas compte combien ils sont – moi y compris, bien sûr – minuscules. Alors oui, à New York, c'est comme ça. Quand on sort, quand on a un rendez-vous, qu'on sait qu'on va dans tel ou tel building, il y a comme une sorte d'aspiration. Il se dégage de ces buildings, une telle force, c'est tellement grand, qu'on ressent une sorte d'énergie factice qui vous donne l'impression d'agir ! D'être presque important alors qu'on ne l'est pas du tout. C'est ce que je trouve très amusant, à New York. Tout devient très important ! Un rendez-vous c'est important. Une rencontre avec quelqu'un, c'est important. Le mot important revient tout le temps. Comme si chaque événement comptait. Sans ça, que deviendrait-on ?... »

Plume, encre de Chine et aquarelle, 1982.

Plume et encre de Chine, 1989.

Plume, encre de Chine et aquarelle, 1989.

« Quand j'ai vu John Coltrane dans une boîte qui s'appelait Birdland,
c'était comme dans un rêve. Un pur enchantement. Une merveille.
Mais, à New York, je retrouvais l'ambiance des romans policiers
que j'avais lus, des films noirs aussi. Maintenant, les gens ne portent plus
de chapeaux à New York, hélas, mais, à ce moment là, il y en avait encore
quelques-uns qui ressemblaient dans la rue aux acteurs que j'aimais.
C'était très impressionnant d'être dans le film ! »

Plume, encre de Chine et gouache, 1994.

Plume, encre de Chine et aquarelle, 2007, 1982.

« Un jour, le directeur artistique du New Yorker était allé à Londres, pour une exposition. Les journalistes anglais lui avaient posé la question : "Qu'est ce qu'il faut pour qu'un dessin fasse la couverture du New Yorker ?"
Il avait réfléchi et répondu : "Ce qu'il faut pour qu'un dessin soit une couverture du New Yorker ? C'est que le New Yorker le reproduise et en fasse sa couverture. Là, ça devient une couverture du New Yorker."
Ce n'est pas du tout stupide, ce qu'il a dit.
C'était étrange, mais c'était ça la vérité.
On ne sait pas ce que c'est, mais il faut que ce soit. »

THE NEW YORKER

Depuis son premier numéro, publié le 17 février 1925, le *New Yorker* s'est affirmé comme un magazine totalement original, unique dans la presse mondiale.

En publiant systématiquement un dessin sans titre en couverture, en ne proposant que des dessins d'humour, signés par les plus grands, pour accompagner les pages intérieures (Chas Addams, Sam Cobean, Ed Koren, Saul Steinberg, William Steig, James Thurber, etc.)

et en faisant appel aux plus célèbres écrivains (Vladimir Nabokov, J. D. Salinger, Irwin Shaw, Philip Roth, John Updike, Tom Wolfe, etc.) pour écrire enquêtes ou nouvelles, le magazine fondé par Harold Ross et son épouse a su rester fidèle, au fil des ans, à sa tradition d'impertinence et de sophistication décalée.

Jean-Jacques Sempé est l'un des rares artistes français à collaborer avec le *New Yorker*. Depuis 1978, il a réalisé plus de cent couvertures.

Aug. 14, 1978

THE NEW YORKER

One Dollar

Sempé

« *Pendant des années, des amis américains ou français m'ont demandé pourquoi je n'envoyais pas de dessins au New Yorker, à moi qui n'avais qu'une peur, c'était qu'il me les refuse. Je m'en tirais en leur répondant : "J'attends qu'ils m'écrivent", en sachant très bien qu'ils n'écrivaient jamais à quelqu'un. Et donc, que je ne risquais rien ! Et quand je suis allé à New York pour la première fois, je suis seulement passé plusieurs fois devant l'immeuble, sans même oser rentrer dans le hall où pénétraient tant de gens que j'admirais. J'étais trop impressionné.* »

Plume, encre de Chine et aquarelle, 1979.

«*Un jour, j'arrive au* New Yorker *avec une couverture… Ce dessin, c'est une aquarelle avec une petite fille qui s'était fait des moustaches avec la queue d'un chat. Bon. C'est ce que c'est. Le directeur artistique vient me trouver avec le dessin en me disant :* "Monsieur Shawn aime beaucoup, sauf qu'il faut enlever la petite fille." *Enlever une petite fille sur une aquarelle pour qu'on ne la voie plus, c'est du travail. Et je me disais :* "Mais, s'il n'y a plus la petite fille, il n'y a plus rien d'amusant !"*
Si tant est que ce soit follement drôle… Mais, je pensais que monsieur Shawn savait ce qu'il voulait. J'ai travaillé comme un fou, j'ai gratté, j'ai fait attention.*
J'ai donc enlevé la petite fille. Il était ravi et en fait, il avait raison, c'était très bien comme couverture, ça. Oui, j'avais une confiance absolue en lui. Quand il me disait : "Il faut changer ça", *je changeais sans discuter.* »

Plume, encre de Chine et aquarelle, 1980.

Plume, encre de Chine et aquarelle, 1980, 1981.
Pages suivantes : plume, encre de Chine et aquarelle, 1981, 1983.

sempé.

« À Bordeaux, tout jeune, j'étais allé présenter mes premiers dessins
à Chaval, qui avait regardé ça gentiment, trop gentiment même,
peut-être, puis qui m'avait posé une seule question
à la fin de notre conversation : "Connaissez vous le New Yorker ?"
Moi, bien sûr, je ne connaissais pas ; alors il m'avait dit : "Vous devriez
regarder ce que font ces gens." J'ai repris mon petit vélo et je suis allé
au service d'information américain. J'ai demandé le New Yorker
et j'ai regardé. Et évidemment, j'ai été é-blou-i. C'était sur du beau papier,
alors qu'à cette époque, le papier de la presse était très mauvais,
parce qu'on n'était pas loin de la fin de la guerre. J'ai été fasciné par les
couvertures en couleurs, la délicatesse des lavis à l'intérieur.
Je découvrais une revue où le dessin d'humour constituait clairement un
art à part entière, loin de la caricature ou du dessin satirique.
Bref, j'étais ébloui par le talent, les idées de ceux qui faisaient ce journal. »

Plume, encre de Chine et aquarelle, 1983.
Pages suivantes : plume, encre de Chine et aquarelle, 1985, 1987, 1988, 1989.

Sempé

Plume, encre de Chine et crayons de couleur, 2003.
Plume, encre de Chine et gouache, 2005.

« Un jour, je voulais absolument faire une poule. Tout le monde a fait des poules. Des poules qui se ressemblent, et moi je voulais faire une poule idiote, parce qu'elles sont idiotes, les poules. J'adore dessiner les oiseaux, les poules, mais je n'en ai pas l'utilité dans la vie courante. Malgré tout, je me dis, j'aimerais faire une poule pour le New Yorker. Et puis un jour, j'attendais une amie, et elle avait retardé le rendez-vous de deux heures… Je me mets à faire une poule. Je me dis : "Ils vont me prendre pour un fou, eh bien tant pis, ils vont me prendre pour un fou." Et je fais ma poule, et je fais des trucs, des arbres à côté, bizarres… Et quand mon amie arrive, elle est plutôt surprise ! Je lui dis : "C'est pour le New Yorker." Elle ne commente pas parce qu'elle sait que je ne suis pas un spécialiste des poules. Malgré tout, j'ai envoyé ça avec d'autres dessins en me disant : "Après tout, ils diront : 'Tiens, il est devenu fou, il nous a envoyé un truc qui ne sert à rien.' " Mais non, ils étaient ravis. Et j'ai été très content quand David Remnick a accepté ma poule. Je me suis dit : "Ça y est, j'ai enfin fait une poule." Je ne dis pas que ce que j'ai fait est bien, je dis que c'est bien qu'un magazine ait publié cette couverture. »

Plume, encre de Chine et aquarelle, 2006.
Pages suivantes : plume, encre de Chine, aquarelle et crayons de couleur, 2006.
Plume, encre de Chine et gouache, 2007.

JEAN-JACQUES SEMPÉ S'AMUSE des nombreuses traductions de ses albums dans le monde : « *L'important, ce n'est pas le nombre de pays où l'on est diffusé, mais plutôt le nombre d'exemplaires qu'on vend dans chaque pays !* » Mais nul ne peut contester qu'il fait partie des auteurs français les plus traduits.

Si *Le Petit Nicolas* bat tous les records avec une présence dans plus de 40 pays, les albums de dessins d'humour sont vendus dans près d'une vingtaine de pays, parmi lesquels la Chine, la Corée, les U.S.A., l'Allemagne, le Brésil, la Lettonie, le Japon, la Grèce et plus récemment, l'Italie et la Russie.

A LITTLE PARIS AND ELSEWHERE

« I so admire the person who came up with this extraordinary thought: Man is both an inconsolable and joyful animal. How did he think of it? It's a formula of absolute genius. You can't live if you don't know about joy. Even if nothing is going right, joy still exists whether you call it 'la joie de vivre', or the simple fact of being alive. And inconsolable, yes we are that too, completely inconsolable. I just deal with them both. »

PAGE 14 : Nothing says it, nothing ever will. For nearly half a century critics have been trying to explain what makes Sempé's work so singular. Their words are invariably inadequate, they never fully capture his originality. Prose is simply no match for the subtlety and complexity of the work.

Of course Sempé is 'intelligent,' 'precise,' funny,' 'poetic,' 'ironic,' 'tender,' 'light-hearted,' 'elegant,' 'beautiful,' 'sharp,' 'inventive,' 'delicate,' 'melancholic,' 'a charmer,' 'witty', 'compassionate,' 'inspired.' Etc.

All these qualities are certainly aspects of Sempé's take on the world. Yet any commentary on a drawing is sure to fall short of the work itself . The exactness and precision of his line make description superfluous.

From the 7th floor of the Parisian apartment where he lives and works, Sempé looks out on the rooftops of Paris. In front of a large window is his drawing table, covered with the large white sheets of drawing paper he's so fond of.

To the right, a hodge-podge of pen holders, dozens of colored pencils, a jar of slightly turgid-looking water, scraps of paper on which he's scribbled a few words or an incoherent sentence.

To the left, mugs of watercolor rinses and a once-white rag, an ashtray never empty.

All around, hundreds of unfinished sketches, piles of drawings in various stages of completion. Parcels from around the world that contain translations of his works and that surely one day he'll get around to opening.

Sitting on his drawing stool, Sempé leans slightly forward, an elbow on the table, left hand under his chin. In his right hand, an extra thin cigarette is burning itself out.

He's still for long stretches. He's working. He's thinking. He can stay like this for hours, days sometimes, before settling on a project. Because Sempé, contrary to what people imagine (*'You know, M. Sempé, in the street yesterday I saw a little lady of certain age talking to a gentleman, it would have been perfect for you !'*) doesn't draw from life. He thinks and dreams his illustrations, looking to show the essence of a situation.

Sempé draws with his mind, rarely with his eyes. And if Sempé moves us so much, it's not because he's looking at us ; he's looking at Sempé. Most humorists target other people. Sempé the artist first shows us himself and in turn invites us to laugh about ourselves.

We see that when we look at his work : every drawing is a story, a fleeting insight into how we are or what we fear. Not the kind of story that makes its point by exaggerating a character trait or simplifying the subject. Sempé addresses us through the wide angle of suggestion.

So when we take in a drawing, our smile is quickly followed by a reflex to question ourselves : *'Am I so different from this poor guy making circles like a child at the edge of the millionaire's swimming pool ? Am I so different from this slightly vain Sunday painter ? Aren't I a lot like this coward dreaming of revenge ? Don't I sometimes get scared in a crowd ? Haven't I too laughed at somebody else's troubles ? In the end, aren't I this man walking through life on a tightrope and afraid of the void ?'*

Sempé deftly catalogues our weaknesses, our stumblings and bumblings, and our loneliness ; and it's a joy. His drawings have an intimacy which at once sees and accepts even as it excuses our shortcomings.

Sempé probably has no more illusions about his characters than he does about himself. His characters know their insufficiencies and their sinful greed. They have their secret desires. They know their dreams sometimes don't aim very high, but they do dream of becoming wise and generous, they still look for the right way to live.

Sempé's challenge as an artist is to sound the soul with compassion but not pity, to evoke a smile rather than sidesplitting laughter.

When the idea, so hard to find, finally comes, the task, how to recreate and justify the idea on paper, can begin. It's all in the color of the leaves or the subtlety of the morning light, the anxiety of the churchgoer talking to God, the fatuousness of the pianist at the chic bar, the insouciance of the children playing on the beach, the melancholy of a couple on the downhill slope of their romance.

The eternally dissatisfied student, the obsessive perfectionist, the workhorse wedded to his solitude... Sempé drafts, doubles back for a detail, redrafts. He makes dozens of sketches. He's trying to say without saying, to indicate with a raised eyebrow or a slightly ridiculous hat, the underpinnings of our behavior. For him, a drawing can always be improved, it's never finished.

Sempé draws but he also likes to write. It's no surprise that he takes hours to settle on a caption or spends months looking for the title of a book that everyone will instantly understand. The objective is always the same : Find the right range, avoid the pedantic and the slick...

He's like that, Sempé. His temperament doesn't give him a choice. His innate mixture of lucid detachment and gentle irony makes him always look for the elegant rather than the shocking solution. He knows there's nothing more serious than lightness. He's drawn to the infinitely little, the happy instant, the small ridiculous moment, the tiny telling detail. Humor, he likes to say, is a way to handle embarrassment without leaving a situation. It's his credo for being, for living.

Sempé admits he loses a lot of time gauging or judging an effect, a trait his friends call his « extreme dithering. » Because he's always working, while he's talking, eating lunch, maybe even while he's sleeping, he doesn't pretend to be in sync with an evolving world or try to hide his nostalgia for a time when people knew how to take their time. The time when children like Nicholas played in back lots, a time when conversations in restaurants were open to all, a time when handshakes made contracts redundant.

If you give him too much praise, if there's too much admiration for the social comedy he describes seemingly without effort in album after album, Sempé immediately pulls out of the mild dandyism that characterizes his rapport with others. His face becomes serious and he invites you to think of his work as 'a minor art.'

So we won't say that the drawings assembled here say any more than do important-sounding essays. We won't suggest that Sempé's work prompts us to take responsibility for who we are and what we do, though the pomposity of such a statement might amuse him.

We'll say, like others before us, that Sempé is 'refined,' 'complex,' 'clever,' 'subtle', 'light', 'sensible', 'penetrating,' 'musical'...

And we'll have said, nothing. Which will let each of us better discover himself in the soulful mirror that one of the most luminous artists of our time holds up to us.

PAGE 22 : Sempé spent his teenage years in the Bordeaux of the 1950's where he was an unlikely toothpowder salesman and an unsuccessful apprentice in the wine business. At age 17, just after his first drawing was published in the magazine *Sud-Ouest*, he enlisted in the army. Stationed in Paris with a lot of free time, Sempé and his friend, the French cartoonist Bosc, systematically made the rounds of Parisian journals trying to place their drawings. Sempé succeeded in collaborating with, among others, *Ici Paris*, *France Dimanche*, *Samedi-Soir*, *Noir et Blanc*, *Le Rire* and *Le Figaro*. In 1952, the first drawings of 'Petit Nicholas' were published in the Belgian magazine *Moustique*. Sempé followed up with a comic strip in collaboration with his friend René Goscinny. In 1957, at the invitation of Roger Thérond, he began contributing to the back page *Paris Match* reserved for graphic artists, first with Chaval, Bosc and American artists he admired, and then alone furnishing a full page drawing every week. In 1965, Francoise Giroud asked him to collaborate with *L'Express*, where every week for almost ten years, he offered his wry take on the news and major events.

PAGE 26 : In the 1950s, *Paris Match* reserved its back page every week for a drawing by a renownd French or American graphic artist. All the cartoonists at *Ici Paris* or *Samedi-Soir* dreamed of being part of this select club. Raymond Castans, the editor of *Paris Match*, at the time, took a special interest in Sempé, advising him to refine his line and change his signature. In 1956 *Paris Match* published its first Sempé back page.

Subsequently, Roger Thérond, a great lover of cartoons as well as photography, met with Sempé regularly, encouraging him and finally inviting him to become a regular: « *He'd go through my drawings, and when he really liked one, knowing how happy it would make me, he would raise his head, look straight at me with his enormous blue eyes and say, 'There, that is a great one!'* »

In spite of the magazine's changes in management and format, Sempé is its most long-time regular contributor.

With the same anxiety : « *Most of the time it takes me eight days to think up a drawing and eight more days to draw it. After 50 years, I still dream of being two or three weeks ahead, but my record shows that I'm not capable of that.* »

PAGE 32 : It was 1956. Through the windows of an apartment across the street, you could see revelers dancing the farandole ; on the floor below an exasperated little chap pounded vainly on the ceiling trying to stop the racket above him. From his debut at with *Paris Match* at age 24, Jean-Jacques Sempé has imposed his style and tone : a profusion of expressive detail and a blend of bite and irony. Deliberately offbeat, he's been bringing us much more than a snapshot of the news for over half a century : his drawings evoke the feel of the time. Sempé almost never comes to the closing of an issue. All he needs to do is think about the first one he saw, when the editorial offices were still two steps from the Champs-Elysées on the street Pierre-Charron, to get the ambiance exactly right. 'It was like a beehive with the bees running in all directions,' he says. Computers have replaced the typewriters, but nothing else has changed. **Jean-Pierre Bouyxou**

PAGE 34 : At the request of Françoise Giroud, whom he met through his friend Alex Grall, the editor of *L'Express*, Sempé contributed to the magazine from 1965 to 1975. Every week, readers could open to a sympathetic rendering of 'Modern Life,' Post-war France was on the move building highways and big buildings. Its youth was in full revolt. Televisions were a living room must-have. Sempé was amazed by the consumer society taking shape before his eyes, and he described it in his drawings. He was a free spirit in the newsroom : *« I went to several editorial meetings, but I had complete freedom. Françoise Giroud only respected people who worked very hard and she knew I worked like a fool. So she really got behind me. Very respectful of my work. It was both exhausting and stimulating. »*

PAGE 36 : *« One day I just wanted to get away, get out of Paris for a few days. I had heard that American college and university students were acting up, particularly in Houston. I told Françoise Giroud about that and she immediately gave me two weeks leave to go to the States.*

« But we hadn't completely understood each other. She arranged it all for me…so that I could cover the launching of the first American astronauts to go the moon ! I was alone with my hopeless English in a hotel room not far Cape Kennedy. I figured that the launch pad must be very near so I started out on foot, thinking that a missile should be visible for miles around. I had walked several miles before a police car stopped me and asked where I was headed. When I explained, even though I showed them my impressive credentials from L'Express, they thought I was out of my mind because the base was a good 30 miles away. They gave me a ride back to my hotel and I took a taxi to the base.

« When I got there, I still didn't see much ! I was completely lost. I didn't understand what I was doing there. I was very unhappy. I did manage to send back a few drawings but they weren't really about what I actually saw. »

PAGE 43 : In the 1960s, *Télérama* published several of Sempé's drawings. In the 1980s the magazine's editorial director, Francis Mayor and Pierre Bérard, editor-in-chief, asked him to contribute more frequently. Summer became a regular occasion to preview

the publication of a new graphic novel by Jean-Jacques Sempé including *Âmes soeurs*, *Par Avion* and *Raoul Taburin*. "The lone biker on a desert road is without doubt the most beautiful cover ever done with one of my drawings. The idea that you had to unfold the flap to discover the pack of racers the cyclist had to catch up with enchants me. What magazine today would dare put out a cover without a headline? I was very pleased that the magazine had the wit to offer that cover to its readers."

PAGE 44 : In Paris, Sempé first lives on the right bank in the city housing reserved for artists ('Les fusains à Montmartre'.) He soon moves across the Seine. From there, a shy and curious newcomer on foot, bicycle or scooter, he explores the jazz clubs and classic spots of the left bank. Chez Lipp, Le Flore, la Closerie des Lilas, Castel, and the Luxembourg gardens exercise their civilizing influence on him. He meets and becomes friends with Françoise Sagan, Jacques Tati, Jacques Prévert, Savignac, Goscinny, and other literary figures.

Paris impresses him, Paris fascinates him. Paris blows him away. It becomes the backdrop of a great many drawings. With evident delight, Sempé captures the curves of a Haussmann building, the poetry of a platform bus, the serenity of the Luxembourg gardens. Lovers strolling the quais mellow him, though he also senses a stiff urbanity that seeks to exclude fantasy. He's beguiled by city life and describes it from a wide angle : subway crowds, traffic snarls, rallies, outsize headlines competing for space on the news stands, masses of helmeted motorists on the move.

PAGE 46 : *« When I first arrived, I found the Parisians very cheerful. I had come from Bordeaux where people weren't normally that open. Here I was immediately enchanted by the subway and the buses and the fever of the city. I especially liked riding my bike. For 30 years I went everywhere by bicycle. If I was invited to a dinner and there was a downpour, I arrived drenched as bread soaked in soup. I so loved that. »*

PAGE 52 : *« I find Parisian buildings very elegant. One day when I was coming back from Rome, which is a sublime city, I was surprised and a little irritated that I couldn't help thinking that the marvels of Rome were less alluring than the refined elegance of Paris. It annoyed me to be that parochial, but I still feel the same way : I prefer Paris. »*

PAGE 56 : *« I was crazy about Paris. Every one was so nice. The people in the street were wonderful, smiling, welcoming. Back then I was an enlisted man. How many times did I hear, 'Look ! See that happy-go-*

lucky soldier, what do you think he wants ?' When I asked for directions in the street, people bent over backwards to help me... »

PAGE 60 : « *When I was growing up in the country listening to the radio, I used to imagine the nightlife in Paris : music everywhere, bright lights, an intense joie de vivre. Evidently, when I got to Paris, it wasn't exactly like that. When you take the subway for the first time, you really feel lost here. Yes indeed, I used to get lost all the time in Paris.* »

PAGE 68 : « *I feel much closer to the time when buses had platforms. A platform bus is a delight. You caught terrible colds in them, but that was part of Paris life, and it enchanted me. I loved drawing them. Today how would you draw a bus ? They look like sight seeing coaches or delivery trucks.* »

PAGE 70 : « *Parisian elegance exists. Chevalier's song, you know, 'Les petites femmes de Paris' has real meaning. The other evening, on the Boulevard Montparnasse, a young girl in a simple skirt and blouse passed me... She was elegance itself. It was a delightful sight, though it's increasingly rare.* »

PAGE 72 : « *I find that people say a great deal against Baron Haussmann. They're wrong. He built some wonderful things. Marvelous avenues, Beautiful Haussmann homes. Maybe I like them so much because I enjoy drawing them, though I do make up a lot.* »

PAGE 80 : « *When I draw the bridges of Paris, I always do a little this or that, except for the Pont des Arts, because it fascinates me. Alas, I don't get the curves right, but I still like trying even though I'm dissatisfied every time I finish. I say to myself, 'No, that's not it, that's not the way to do it.' So from time to time, regularly, I try again. With the hope I'll be able to say, 'That's it ! This time, I've really drawn the Pont des Arts'.* »

PAGE 87 : « *I think I prefer silence to words. People should think twice about how much harm their words can do to others and how much harm other people's words can do to them. I always think that things will eventually work themselves out. Saying something can be horribly violent.* »

PAGE 88 : In 1962, after the success of *Le Petit Nicolas*, co-authored with René Goscinny, Sempé convinces Alex Grall to publish his first book of drawings, *Nothing is Simple* (Editions Denoël). « *I wanted the titles of my books to imply -- you are going to think*

this is grandiose and too much to hope for -- something like, 'Well, it is like that. Why not ? Of course there are obstacles, but let's keep going, let's see what happens.' »

With time, Sempé's work evolves. If humor remains the mainstay, a deeper look at society now emerges alongside it. In 40 albums, from 1962 to 2010, the one time magazine cartoonist becomes a well-known author.

Whether he's talking about a couple, a psychoanalysis, God, childhood, vacations, the pangs of creation, television, demonstrations, musicians, or sports, Sempé probes his characters with affection and tenderness. His drawings unmask awkwardness, social blunders, irritation, annoyance, and pettiness with increasing empathy. Year after year the line becomes more airy and delicate, all the better to suggest without judging: « *No matter how small they are, I never show my characters from above. I'm always somewhere in the drawing with them.* »

PAGE 91 « *A political drawing is a commentary on something everybody knows at least a little about. If you draw the President of the Republic, everyone recognizes him. For example, I don't read newspapers, but I do vaguely overhear conversations in bistros or happen upon a newspaper on the counter ; I'm always more or less up on the news. By and large cartoons aren't linked to current events. They are about two kittens talking, or maybe a fish or people strolling...things that could happen in the 17th century or anytime. For me, that's the perfect luxury.* »

« *Savignac had a sentence pinned up in his studio that read, 'Contrary to what people believe, it's not the eye that guides the hand but the hand that guides the eye.' When I first read that, I thought it was a little dumb. Fifteen seconds later I realized that I myself had said something really dumb because the sentence is true : it is the hand that steers the eye. When your hand wants to make certain moves, do certain things, that's what on a deep level makes you see. While you're drawing, you become aware that your hand really is guiding your eye.* »

PAGE 92 : « *A comic drawing demands humility. You mustn't ever try to please yourself. You must think about the people who are going to look at the drawing and also think about its eventual reproduction, with all the difficulties that involves. The line can't be too thin, the drawing must be able to be easily reduced and reproduced. You mustn't hint that you could do better, that you could be more of an artist. Trying to make yourself understood in a drawing is not easy. You have to explain the most you can through suggestion. You can't be pedantic. That's hard. It's hard to be lighthearted.* »

PAGE 94 : « *I draw extremely simple characters. Very simple. But each one needs a detail that makes him different from all the others. A forty-five year old man doesn't look like an eighteen year old. In the street, every single person is different, which is wonderful. When I draw, it's the minuscule detail that gets my attention. If I bungle it, it's time to take a fresh sheet of paper and begin again. I would like, but this is a dream, for people to think of my drawing as a modest form of writing. So yes I do start over again. And again.* »

« *I don't much like the solitude that my work demands : Drawing and looking for ideas means you have to be all alone in the studio. I don't like that. At the same time, I could never have been a team player. I realize there's a huge contradiction between the difficulty I have working alone and the impossibility of my being part of a team. Maybe that's where the humor comes from.* »

PAGE 103 : « *It's not because I've done something once that I can be sure of doing it again...I'm always thinking up things to do but then I have to do them and that involves a confrontation with the unknown...Can I really do what I have in mind, what is it going to mean, is it worth doing... Somebody once asked a writer what he had meant to say. He said, 'I didn't mean to **say**, I meant to **do**.' That was the right reply and it goes for me too, I just want to do.* »

PAGE 108 : « *I think that I am, I believe, I hope that I'm a humorous graphic artist, an artist of graphic humor. Because that's what I like. Sometimes well-meaning people protest : 'No,' they say, 'what you do is better than that.' But for me there isn't anything better than a drawing that has humor in it.* »

PAGE 114 : « *My dream is to burrow into the soul of a character...Be inside with him rather than in the world outside him...that's what I want to achieve in my drawings. It's pretentious but I can't help that.*

« *What I know is that it's a lot of work to try. From time to time I succeed but it's rare. It's a comfort to me when I do, but it's very hard for me to get there.* »

PAGE 123 : « *There's a story that Duke Ellington once said : 'Jazz is to classical music what cartoons are to painting.' For me that about says it. I mean, a cartoon isn't a big statement. Like jazz, it's about suggestion. That's exasperating because it's the opposite of the tendency today to exaggerate everything. Cartoon drawings, like jazz, are about humility.*

« *As a child, I was always daydreaming. I imagined myself grown up and playing in Duke Ellington's orchestra. It did worry me that I didn't know a note of music. So I made believe that the nice people in the orchestra had patiently taught me all I needed to know so that I could play piano along with them.* »

PAGE 132 : « *I've always preferred things that were already out of style but they were what made me happy. I do like my times. I'm not against progress, but I wish everything were simpler and less organized. I like chance.* »

PAGE 148 : « *If I had had the chance, I would have studied language, because humor often results from the huge gap that exists between the word for something and the thing itself.* »

PAGE 150 : « *It's very difficult to explain how a drawing comes about. Not so long ago I finished one that I had been thinking about for 20 years. In all that time I hadn't found the way to organize it. In between I did other things of course, but it took all that time to figure out how to do that particular drawing.* »

PAGE 154 : « *If I let myself get inundated by current events, I can't work. The other day, after having heard a story on the radio about a stock market crash, I went out into the street. A woman had dropped her baguette, another woman had picked it up and the two were talking. It was wonderful, there was such a difference between what I had just heard and the scene in front of me...A tiny event occurring at the same time as a big one... It's the everyday avatars which remind us that the world keeps turning no matter what else happens. They make life disconcerting and at times comical.* »

PAGE 162 : « *True pleasure is something miraculous ! It hits you like a clap of thunder, it's, I don't know how to say it, it's like the instant spark of friendship or love, it's a miracle. I don't think we'd be alive if miracles didn't exist...for everything else, ask the sociologists. We're prepared for a great many things, but not for the essential one, that ineffable and inexpressible thing that is a miracle.* »

PAGE 168 : « *I don't think I draw many bad-natured people who need to be excused. I don't judge them, they just are. My characters are people like you and me trying to get through life.* »

PAGE 170 : « *I love books. I have books of my friends' drawings and of people that I don't know and whose work I love. For me a book of drawings is something you can open to any page and just leaf through. It keeps you company for years. I was very very touched one day at a signing in a bookstore. A woman asked me to autograph her* copy of Monsieur Lambert *which she had bought a few years before and which was now badly worn. She said it belonged to her English husband who loves France, and who, no matter where he is, keeps it on his night table. That gave me such pleasure, so much pleasure. »*

PAGE 184 : « *I think humor springs from an abundance of naïvety, a healthy dose of gullibility. The credulous person that I am is only trying to be light hearted about it, to make fun of my own naïvety. »*

PAGE 189 : « *Melancholy and nostalgia are part of life. A good moment is inevitably melancholic. At the same time you feel very very happy, something tells you that the happiness is going to end, and then it does. It's over. It's like… wine that you shouldn't uncork if you don't want it to lose its bouquet, or like paintings that shouldn't be exposed to light… Melancholy is the deep understanding that we are all just brave little souls looking for something, but we'll never know what that something is. When we do find out, it will be too late. »*

PAGE 196 : « *I used to spend summers in Saint-Tropez but I couldn't really vacation there. I was always my little workhorse self. I remember Françoise Sagan's comment to me about that : I said to her one day, 'Listen, I just can't go out tonight. It will end too late. I'll be exhausted and I won't be able to work tomorrow.' And she said, 'You don't mean to tell me that you work every day ?' That made me laugh a lot. »*

PAGE 200 : « *I've never lost a mindset that is sometimes a little much, a childish side that irritates me a lot, but that's how it is. A few years ago, if I saw children playing ball, I couldn't stop myself from joining in. Once I dribbled two or three of them, shot and scored a goal. I heard one child say to another 'He's a professional !' I was proud, very proud. I walked away casually, though I did throw back my shoulders a little »*

PAGE 206 : « *When I first started drawing, I wanted to make happy people, funny drawings with happy people. Insane. But that's my character. »*

PAGE 210 : « *I've always had a somewhat chaotic life. I've never completely settled in anywhere. It could be my nature or just what's happened in my life, but it's always been like that. I've never followed a reasonable step by step plan. I don't think I've ever consciously decided to go from one point to another; it just hasn't happened. Because I am disorganized, I crave order. I dream of being an extremely wise, reasonable and reflective person. But my enthusiasm, or my disorder, always gets in the way. »*

PAGE 212 : If he likes to tell a story in a single drawing, Sempé also likes to create longer stories in which modest characters try to sort their lives out.

With *Monsieur Lambert*, then with *The Ascension of Monsieur Lambert*, he shows how bistro conversations about politics and soccer flavor Lucienne's rabbit stew and how our actions, not content to follow us, rush ahead and block our advancement.

With *Marcellin Caillou*, a blusher and René Rateau, a sneezer, he plays on how differences can become the basis of a deep friendship, observing that friends don't necessarily have to talk to understand each other. In *Par Avion*, he observes with curiosity and amusement the customs of an America where the people order Chinese take out for dinner where the women never stop trying to keep on top of things and stay 'connected.'

Raoul Taburin, the respected bicycle repair shop owner of Saint-Céron, has a heavy secret that at first makes him laugh (because laughing is a good cover) then to dare 'the crazy stunt' that Henry Figougne's camera immortalizes.

Âmes soeurs, is a melancholy commentary on the complexity of human relations, in particular the always surprising love relationship. Sempé shows us being « *captured by beauty,* » the painful intensity of « *overwhelming happiness,* » as well as every one's dream of a « *simple life with a well-balanced partner.* »

PAGE 218 : In addition to his regular magazine work, Jean-Jacques Sempé has produced a number of longer stories, some unfinished, that are still in his sketch books. In 1969, because he wanted to add color to his drawings, he created the character Marcellin Caillou, a shy little boy…who blushed. Marcellin meets René Rateau, a sensitive young violinist who cannot stop sneezing. The two quickly become inseparable and then René's family moves away : « *Maybe because as a child I didn't have many friends, stories about children's friendships are dear to me. Children have a way of using their difference to make the bond between them stronger and that I find moving.*

PAGE 220 : In 1985, the editor of *The New Yorker*, William Shawn, asked Sempé if he would write and illustrate the American equivalent of *Monsieur Lambert*. At first convinced he couldn't honor the request, he finally was able to tell about life in a building on Central Park West where he stayed when in was in New York. It was a place where writers, editors and artists unselfconsciously talked about being creative, and where agitated and dynamic intellectuals moved heaven and earth to be present for the opening of the latest, undoubtedly divine, Afghan restaurant.

PAGE 222 : In *Âmes Sœurs*, Sempé links drawing and writing more than he's ever done before. To illustrate the difficulty of getting along with a friend, or understanding the feminine psyche, or being in tune with family and friends, he juxtaposes a drawing of everyday life with a text that contradicts or reinforces it. Implicit in the lightness of the words or the line is the unsaid thing, the grain of sand that will eventually trouble a relationship. And in the end you don't know whether to laugh or cry about the rare true soul mates in the book.

PAGE 224 : « *As a small child, my dream was to own a bicycle. It was a long time before I got one ; the wine dealer where I worked in Bordeaux loaned it to me. For me, a bicycle is absolute freedom. If you are careful, you can go the wrong way on one-way streets, go up on the sidewalk, ignore traffic rules. I like going against the rules.* »

At the same time he created the character of Marcellin Caillou, Sempé was also drafting a story about Raoul Taburin in his big black sketchbook. Years later, in 1995, he published the album that recounts the adventures of this illustrious bicycle repair shop owner and the famous photographer of Saint-Céron, the story of their heroic feat that comes about because they can't admit they really don't know how to do what everybody assumes they can do:

« *When somebody suffers from a handicap that he doesn't tell anyone about, it obviously changes his life. But, if he meets somebody who's also hiding a secret, I'd like to think that something wonderful could happen without anything being said.* »

PAGE 226 : An enthusiastic collaborator with René Goscinny for the *Nicholas* books, Sempé also likes illustrating stories of other writer friends.

With Patrick Modiano, he gives a face to Catherine Certitude who directs a dance school on 59th Street in New York and who is nostalgic for the life she lived as a young girl with her father in the tenth arrondissement of Paris. She remembers he bought old airplane seats and resold them to movie theater owners, that he 'worked in packaging' with his associate, Mr. Casterade, a poet and a stickler for good spelling. It was a time when her father dreamed about climbing the social ladder but in the end decided to rejoin his wife in New York.

Patrick Süskind's character, Mr. Sommer, is claustrophobic and can't stop running around outside, a habit which upsets and fascinates a little boy who climbs trees to be alone, dreams of flying and briefly contemplates killing himself because the world is 'unfair, mean and loathsome.' With watery colors and softened

lines, Sempé deftly evokes the worrisome and sometimes deeply troubling ambiance of the book.

PAGE 228 : « *Nicholas is first of all a story about friendship. We shared our childhood memories. I told René my soccer stories, my camp stories, all about my ups and downs at school. And René loved interpreting them. He embroidered everything, invented people, imagined situations, and we did the Nicholas series that you know. Let's say that without René, there wouldn't have been a Nicholas. And let's add that without me, there wouldn't have been a Nicholas either. We were a good tandem.* »

For the Belgian magazine, *Moustique*, Sempé invents the character Nicholas. With René Goscinny, who works for the same magazine, *Le Petit Nicolas* becomes a comic strip for about twenty years, then stops.

Several years later, the magazine *Sud-Ouest* asks them to revive their character. Goscinny writes the text and Sempé brings the character alive in drawings. On vacation in la Rochelle, Alex Grall, director of the publishing house Denoël, discovers the stories and offers them a book contract. There followed : *Les vacances du petit Nicolas, Le petit Nicolas et les copains, Joachim a des ennuis, et Les récrés du petit Nicolas*. and, more recently, three volumes of unedited Nicholas stories, *Les Histoires inédites du Petit Nicolas* (Imav éditions).

PAGE 232 : Sempé often ran into Patrick Modiano and his wife, Dominique who always suggested they « do something together. » One afternoon, when he was out walking, Sempé saw Patrick and his wife coming toward him :

« *They were about a hundred meters away. I said to myself, 'This time, I'm going to suggest we do something together. And I'm even going to think up a project !' My daughter was named Catherine at the time (she's since adopted the lovely name of her grandmother, Inga). Her poise and enthusiasm always won me over. Sometimes I'd call her 'Catherine Certitude' (Catherine Sure-Of-Herself). When I got closer to the couple, before Dominique could speak, I said, sure of myself, 'OK, we're going to write about a little girl, a myopic dancer with glasses who goes to the New York. Her name is Catherine Certitude. Let's get started.'*

At the end of several weeks, we had Catherine Certitude, *finished in 1988, which has the finely nuanced musical prose typical of a Modiano novel.* »

PAGE 236 : In Germany where he often went for the publication of one his books by the German press Diogenes, Sempé met Patrick

Süskind, then an unpublished writer. « *He was very funny, he spoke a charming, polite French. I was sure he was going to do great things.* » After the world wide success of *Perfume*, Sempé asked him to write a story he could illustrate, anything so long as there was something about both a bicycle and a piano in it. A short time later, Patrick Süskind sent him *L'histoire de Monsieur Sommer* : « *I found the story very strange and very beautiful. What particularly interested me was that I had already been captivated by the Bavaria where it takes place. It was a universe that had taken me out of myself. The book might not be something you read to your children on Christmas morning, but it's a book I really like.* »

PAGE 240 : When he first went to New York in 1965, Sempé was immediately captivated by the colors of the city and the energy of New Yorkers. He stayed for about two weeks soaking up a culture he already knew a fair amount about from American detective novels and the jazz he had been listening to for years. He went back often, even thought about moving to New York, but in the end decided the language was too much of an obstacle. Proud to have the use of an office at *The New Yorker* magazine while he was there, he used his free time to roam the city on foot or bicycle, taking in sights that amazed and stimulated him and from which he still draws.

« *On the cover of my book about New York, the little guy in red who's crossing the Hudson River is me. Yes sir, it's me. When I walked across the Brooklyn Bridge, I was proud. And deeply moved. And very very happy.* »

PAGE 242 : « *In New York, everything seemed odd to me, unreal at times. I mean, when I say 'odd', I'm comparing it to my life in France. For them, nothing was odd. It was their life...* »

PAGE 244 : « *In New York, I felt minuscule in the midst of the immense skyscrapers. It was like being in a meadow in France on a day when it's sunny and there are only a few clouds and you can see for miles. You don't feel very big then either, do you? I'm always surprised that people, I'm including myself, don't take into account how small we are. We are really tiny. It's especially true in New York. When you go to a meeting, before you enter this or that building, you sort of stop and take in your breath. These buildings have such force, they are so big, you sense you're absorbing some of that energy. You almost feel important then. That's what I find funny about New York. Everything seems very 'important.' An appointment is' important.' A meeting with someone is 'important.' The word 'important' comes up all the time. As if every event counted. Without that importance, you would become...* »

PAGE 251 : « *When I saw John Coltrane at* Birdland, *it was like a dream. Pure enchantment. Simply marvelous. Back then New York had the feel of detective novels I had read and Humphrey Bogart movies I had seen. People don't wear hats there anymore, it's too bad, but at that time, there were still people in the streets who reminded me of the actors in* Key Largo *and* The Maltese Falcon. *I felt like I was in a movie too ! It was exciting.* »

PAGE 254 : « *One day the head of the art department at* The New Yorker *went to London for an opening. An English journalist asked him what a drawing had to have to make the cover of* The New Yorker. *He thought about it and said, 'What does a drawing have to have to make the cover of* The New Yorker? *It's that* The New Yorker *reproduces it and makes it the cover. Then it becomes a cover of* The New Yorker.' *What he said wasn't dumb at all. It sounds strange, but it's the truth. You don't know what it is, but it has to be that.* »

Since its first issue, published February 17, 1925, *The New Yorker* has been recognized as a totally original magazine, unique in world press. By systematically publishing a drawing without a title on the cover, only proposing cartoons, signed by the greatest names to accompany the text between the covers (Chas Addams, Sam Cobean, Ed Koren, Saul Steinberg, William Steig, James Thurber, etc.) and in soliciting the most well-known writers (Vladimir Nabokov, J.D. Salinger, Irvin Shaw, Philip Roth, John Updike, Tom Wolfe, etc.), the magazine, founded by Harold Ross and his wife, has remained faithful throughout the years to its tradition of impertinence and sophistication. Sempé is one of the rare French artists to collaborate with the New Yorker. Since 1978, he has contributed more than one hundred covers to the magazine.

PAGE 256 : « *For years, American or French friends asked me why I didn't send my drawings to the New Yorker, I, who had only one fear, that they would be rejected. I saved face by answering, 'I'm waiting until they write to me,' knowing very well they never write to anyone. I didn't risk anything by saying that! On my first trip to New York, several times I walked past the New Yorker building in which there were so many people I admired. It was too daunting. I didn't dare go in.* »

PAGE 259 : « *One day I arrive at* The New Yorker *with a cover, a watercolor of a little girl making mustaches with a cat's tail. Fine. It is what it is. A little while later, the art director came to see me with the drawing in his hand. He said, 'Mr. Shawn likes it a lot, but you have to remove the little girl.' Taking a little girl out of a water-*

color so you can't see her anymore is work. 'Plus,' I said to myself, 'if there's no little girl, there is nothing funny about it, and it's so funny now.' But I knew that Mr. Shawn knew what he wanted so I worked like a fool. I scraped, I really tried. I removed the little girl. He was elated and in fact he was right, it was a very good cover like that. I had complete confidence in him. When he said something had to be changed, I changed it without arguing. »

PAGE 264 : *« In Bordeaux, when I was young, I went to show my first drawings to Chaval, who looked at them kindly, too kindly maybe, then asked me a single question, 'Do you know* The New Yorker *?' Of course I didn't, so he said : 'You should look at what they do there.' I got back on my bike and I went to the American information service. I asked for* The New Yorker *and I looked at it. And of course I was stu-pe-fied. It was a beautiful quality paper at a time when magazine paper was generally poor, we weren't very far past the war yet. I was fascinated by the covers in color and the delicacy of the washes inside. I discovered a magazine where cartoons were clearly considered an art unrelated to satire and caricature. In short, I was amazed by the talent and the ideas that made up this magazine. »*

PAGE 272 : *« One day I really wanted to draw a chicken. Every one draws chickens. Chickens that look like chickens, but I wanted to make an idiot chicken because chickens are idiots. I like drawing birds and chickens though there is not much call for them. Nevertheless, I kept wanting to draw a chicken for* The New Yorker. *Then one day I was waiting for a friend and she was two hours late...and I started drawing a chicken. I said to myself, 'They are going to think I'm a fool, so what, they'll think I'm a fool.' I drew my chicken and I put all sorts of things around it, trees, strange things...When my friend arrived, she was rather surprised. I said to her, 'It's for* The New Yorker.' *She didn't comment. Certainly not. She knew I wasn't a specialist in chickens. Well, I sent it off along with other drawings telling myself, 'They'll say, hmm, he's gone crazy, he's sending us something useless.' But no, they were enchanted. I was very happy when David Remnick accepted my chicken. I said to myself, 'Finally, I've drawn a chicken.' I'm not saying that it's good, I'm saying that a magazine published this cover. »*

PAGE 278 : Sempé is not impressed that his books are so often translated : *'What counts isn't the number of countries where my work appears, what counts is how many copies are bought in each country.'* But nobody disputes that he is one of the most widely translated French authors. If *Nicholas* breaks all the records with a presence in over 40 countries, Sempé's graphic novels are sold in nearly 20 countries including China, Korea, the U.S.A, Germany, Brazil, Latvia, Japan, Greece, and more recently, Italy and Russia.

CAPTIONS

PAGE 22-23 : *— There's no way around it. You can't do anything right on a day without inspiration!*

PAGE 28 : *— It makes you feel so small.*

PAGE 29 : *— My husband !*

PAGE 30 : *— There might be a touch of vanity in my devotion, but whatever the season or the hour, I've always managed to put myself in the axis of what I call my guiding light. Would you kindly move just a little, say two or three places to the right or left ?*

PAGE 31 : *— What we need to wish him most of all is that he'll be mediagenic !*

PAGE 38-39 : SEMPÉ EN AMÉRIQUE : Special correspondent to the U.S. for *L'Express*, Sempé brought back a full notebook of his impressions. Here is the first installment.
—They must have a strong sense of family.

PAGE 40-41 : *—OK, now show me what you've done here !*

PAGE 93 : *—Quick ! Hurry ! Will you marry me ?*

PAGE 95 : *—Helen ! I think somebody stole the car !*

PAGE 96 : *—Looks like they've really stayed 'just folks.'*

PAGE 97 : *— Must you throw crumbs too, Georgette !*

PAGE 98-99 : *— We'll keep our professional ties, Matilda, but you'll won't ever again be my Shangri-La.*

PAGE 101 : *— The sound on your phone must be off because, as usual, you're in a meeting. So my voice is lost somewhere in the mishmash of your purse among your notebooks, keys, compact, hairbrush, breath mints, spare socks etc. I hope you understand that I'm suffocating. This won't do. Can't we have a normal home life. It would really help me : television is so hard, a constant, constant battle. I could get by if things were different. I could even anchor the 8 o'clock news. Every night I'd work in a secret sign that only you could pick up.*

PAGE 102 : *— He's brave, my Rodrigue, isn't he ? He's virtuous, isn't he ? Well would you like me to tell you how much child support he gives me and children ?*

PAGE 105 : *— A wounded lion is always cruel !*

PAGE 107 : *— André, my lost love. Such a heartbreaking breakup. It was kind of you, though, to leave me your address. I was devastated. I couldn't do anything. I still see you clinging to the rail when they took up the gangplank. I still see your desperate waves when the boat started pulling away and you realized that I was sitting on your suitcase.*

FLAP

In sixty years, Jean-Jacques Sempé, tireless and dedicated craftsman, has produced thousands of drawings. While this catalog can't begin to represent the breadth of his work, it aims to highlight aspects of his singular artistic journey. The drawings assembled here span the years 1955 to 2011. They first appeared in French and foreign magazines and many of them were later included in over forty books published around the world.

Martine Gossieaux et Marc Lecarpentier
remercient
Jean-Jacques Sempé
et
Isabelle Cohen, Corinne Delineau, Olivier Rubinstein, Monique Lecarpentier,
David François, Maya Sachweh, Alexandra de Leal, Jean-Marc Palisse,
Susan Chace, Georges Stril, Pierre Gradenigo, Laurent Deville, Mette Ivers,
Renate Gallois-Montbrun, Antoine Cohen-Potin, Aude Clément,
Christine Basso, Bernard Mérigaud.

Conception et maquette : Martine Gossieaux
assistée de Jean-Baptiste Papailhau.
Traduction de Susan Chace

© 2011, by Sempé, Éditions Martine Gossieaux.

Achevé d'imprimer en octobre 2011
par STIPA à Montreuil.
ISBN : 978-2-9527191-1-7

Imprimé en France